AF202720

Dr. Chung-Ji Tschang

Demokratie –
aber wie?

Betrachtungen zur Demokratie der Bundesrepublik Deutschland aus der Sicht eines Wählers

Copyright: © 2021 Chung-Ji Tschang
Lektorat: Ursula Ruppert
Umschlag & Satz: Erik Kinting – www.buchlektorat.net

Verlag und Druck:
tredition GmbH
Halenreie 40-44
22359 Hamburg

ISBN: 978-3-347-16769-8 (Paperback)
ISBN: 978-3-347-16771-1 (e-Book)

Bibliografische Information der Deutschen Nationalbibliothek:
Die Deutsche Nationalbibliothek verzeichnet diese Publikation in der Deutschen Nationalbibliografie; detaillierte bibliografische Daten sind im Internet über http://dnb.d-nb.de abrufbar.

Inhalt

I. Einleitung

Liebe Politiker, liebe Wähler und liebe Nichtwähler! Das vorliegende Buch befasst sich mit der Demokratie in unserem Land sowie mit ihren Problemen und Schwächen, und zwar aus der Sicht eines politischen Laien. Da der Einzelne nur über seine eigene Sicht verfügt und lediglich in begrenztem Maße Einblick in die Sichtweise anderer Menschen hat, kann ich nicht sicher sein, dass es mir immer gelingen wird, die Meinungen der Bürger repräsentativ wiederzugeben. Es besteht also durchaus die Möglichkeit, dass einige meiner Ausführungen nicht die Meinung anderer treffen. Der Rückblick auf mein bisheriges Leben macht mich allerdings zuversichtlich, dass die meisten meiner Ansichten ganz gut mit denen der Mehrzahl der Bürger übereinstimmen. Ich hoffe auch, dass es mir gelingen wird, einige Aspekte in der Sicht auf unsere Demokratie aufzuzeigen, die bisher weder bei den Politikern noch bei den Bürgern größere Beachtung gefunden haben.

Damit Sie in etwa wissen, wer dieses Buch geschrieben hat, hier einige kurze Angaben zu meiner Person: Ich wurde 1949 in Chemnitz geboren, kurz vor der Gründung der Bundesrepublik und der DDR. Meine Mutter war Deutsche, mein Vater war Chinese. 1954 kam ich nach Stuttgart, also in den „Westen". Hier habe ich die Schule durchlaufen, habe Chemie studiert und promoviert. Danach bin ich fast 35 Jahre lang in der chemischen Industrie tätig gewesen. Ich habe die deutsche Staatsbürgerschaft und bin seit 1983 verheiratet. Seit 2012 bin ich im Ruhestand, den ich mit diesem Buch ein wenig unterbrochen habe, weil es mir an der Zeit schien, mich zu dem wichtigen Thema Demokratie zu Wort zu melden. Ich gehörte und gehöre keiner Partei an und muss gestehen, dass ich mich nie politisch betätigt habe. Allerdings bin ich immer wählen gegangen. Und nun möchte ich (endlich) zur Sache kommen.

Wenn man an die Anfänge unserer heutigen Demokratie zurückdenkt, so kann man wirklich ohne Übertreibung sagen, dass diese in einer extrem schweren Zeit gründeten. Das deutsche Volk war von einem verbrecherischen Regime unterdrückt und in einen Weltkrieg geführt worden. Bei Beendigung dieses Krieges wies das Land schwerste Zerstörungen auf, viele Städte lagen in Trümmern, Deutschland war geteilt und sein Ansehen war auf einem absoluten Tiefpunkt. Die Schaffung des Grundgesetzes der Bundesrepublik in dieser Situation, der Aufbau einer funktionsfähigen Demokratie auf der Basis des Grundgesetzes, der wirtschaftliche Aufschwung und die Tatsache, dass Deutschland wieder zu Ansehen gekommen ist, sollte uns Deutsche mit Stolz und Freude sowie mit Dankbarkeit gegenüber den Politikern erfüllen, die an diesem Prozess an führender Stelle tätig waren. Man sollte meinen, Deutschland müsste ein Land voller glücklicher Demokraten sein. Meine eigenen Beobachtungen hinsichtlich der Befindlichkeit der Menschen in meinem Umfeld von den 1950er- Jahren bis jetzt ergeben aber ein anderes Bild. Zunächst gab es eine Erleichterung über das Ende des Krieges und der Diktatur, die mit einer nachhaltigen Unsicherheit darüber einherging, wie man sich nach dem Krieg als Deutscher sehen sollte. Das Thema Drittes Reich wurde im Alltag weitgehend ausgeklammert. Danach wuchsen die Sorgen wegen das Kalten Krieges (was allerdings nichts mit unserer Demokratie direkt zu tun hatte), die durch die Freude über den wiederkehrenden Wohlstand etwas abgemildert wurden. Schließlich trat mit dem weiter wachsenden Wohlstand ein zunehmender Rückzug der Bürger in den privaten Bereich ein. Die Wiedervereinigung wurde überwiegend mit Freude und Erleichterung aufgenommen, von einigen aber auch mit

Sorge und Ablehnung, unter anderem wegen der damit verbundenen ungeheuren Kosten. Durch die Flüchtlingsströme aus dem Nahen Osten in den letzten Jahren sind weitere Probleme entstanden, die einerseits zu erheblichen Meinungsverschiedenheiten in unserer Gesellschaft und andererseits zu einer größeren Distanz zwischen den Politikern und einem nicht unerheblichen Teil der Bevölkerung beigetragen haben. Man gewinnt den Eindruck, dass sich die Demokratie in unserem Lande über die Jahre hinweg zu einer Art „Leck-mich-am-Arsch-Demokratie" entwickelt hat. Dieser derbe Ausdruck – für den ich mich entschuldigen möchte – gibt nach meiner Ansicht die Grundsituation in unserem Lande am prägnantesten wieder. Die Bürger und die Politiker scheinen sich in eine Zwei-Klassen- oder besser gesagt Zwei-Welten-Gesellschaft aufgespalten zu haben. Viele Bürger fühlen sich von den Politikern missachtet oder unverstanden und bringen ihren Ärger darüber zum Ausdruck, indem sie als Protestwähler auftreten oder aber gar nicht zur Wahl gehen. Die Politiker scheinen in ihrer „Politiker-Welt" zu leben, die sich in den letzten gut siebzig Jahren entwickelt hat, und scheinen oft die Befindlichkeiten der Bürger nicht mehr zu sehen oder sie allenfalls dann zu berücksichtigen, wenn es irgendwo massiv knirscht und Auswirkungen auf die nächste Wahl zu befürchten sind. Viele Wähler wählen so, dass sie den Politikern die Regierungsbildung schwer machen, und lassen dabei die Qualität der gewählten Politiker oft außer Acht. Die Politiker wiederum erwecken bisweilen den Eindruck, als wollten nach der Wahl sie zu den Wählern sagen: „So, Ihr habt gewählt; jetzt lasst uns aber für die nächsten vier Jahre in Ruhe."

In diesem Buch will ich nun versuchen, darzulegen, was den Bürgern an unserer Demokratie und an den Politikern missfällt, andererseits aber auch, mit welchen Problemen die Politiker konfrontiert sind – soweit dies für mich als Laien ersichtlich ist. Danach möchte ich versuchen, Vorschläge für Verbesserungen zu unterbreiten. Dabei bin ich mir durchaus im Klaren darüber, dass ich nicht im Besitz des Steines der Weisen bin. Ich würde es aber als großartig empfinden, wenn meine Vorschläge – selbst wenn die Lösungen später anders aussehen sollten – zumindest zu Problemlösungen anregen und/oder beitragen könnten.

Bekanntlich „zerfällt" die Politik in Deutschland in verschiedene Bereiche: die Regionalpolitik, die Landespolitik, die Bundespolitik und die Europapolitik. Von diesen Bereichen werde ich mich schwerpunktmäßig mit der Bundespolitik befassen. Grund dafür ist, dass sich die Regionalpolitik mit Problemen beschäftigt, die in einem Ort oder einem Kreis auftreten und entsprechend den regionalen Gegebenheiten zu lösen sind. Man ist also überwiegend in der Sache tätig und Meinungsverschiedenheiten treten meist nur in klassischen Konfliktszenen wie alteingesessene Landwirte gegen zugezogene Neueinwohner oder Anlieger gegen Nichtanlieger usw. auf. Hier sehe ich keine ausreichenden Ansatzpunkte für eine umfassende Behandlung. Anders ist dies bei der Landes-, Bundes- und Europapolitik, die nicht nur größere Beachtung findet, sondern auch die Meinung der Bürger zur Demokratie stärker beeinflusst.

Nun zum Ende der Einleitung noch ein Hinweis: Ich beziehe mich ausschließlich auf die Demokratie in Deutschland. Die Demokratien anderer Länder habe ich nicht betrachtet, sodass ich auch nicht beabsichtige, darüber Aussagen zu machen.

II. Perspektive der Bürger

Die Demokratieverdrossenheit vieler Bürger und das fehlende Vertrauen in die Politik haben sicherlich nicht nur eine Ursache. Lassen Sie uns versuchen herauszufinden, was alles dem politischen Wohlbefinden der Bürger entgegensteht. Dabei lege ich Wert auf die Feststellung, dass im Folgenden die Politiker keineswegs „abgewatscht" werden sollen, sondern nur aufgezeigt werden soll, wie manche Elemente des politischen Geschehens beim Wähler ankommen. Die folgenden Beispiele, die sicherlich keine vollständige Beschreibung darstellen, sollen verdeutlichen, was den Bürgern missfällt.

1. Erscheinungsbild der Demokratie

Schwindeleien, Lügen: Wenn ein führender Politiker oder ein Vorstand einer Firma eine Mitteilung macht, so wünscht man sich, dass diese wahr und in ihren Inhalten nachvollziehbar ist. Wenn es um technische Dinge geht, kann sich die Industrie dabei oft der Aufzeichnungen bedienen, die im Rahmen eines Qualitätssicherungs-Systems erstellt wurden. In der Politik ist ein Qualitätsmanagement zwar nicht üblich, man sollte aber davon ausgehen können, dass die Aussagen von anderen Politikern und von der Presse kritisch betrachtet werden und dass deutlicher Protest laut wird, wenn etwas falsch oder unwahr wiedergegeben wurde. Die Erfahrungen aus den letzten Jahren zeigen jedoch, dass die Wahrheit heute nicht mehr zu den unverzichtbaren Grundelementen von Politik und Geschäftsleben gehört und dass Unwahrheiten eine erstaunlich große Akzeptanz gefunden haben. Fake News in der Politik und der Dieselskandal lehrten uns dies. Der Vertrauensverlust, der dadurch entstanden ist, hat einen ungeheuren Schaden verursacht. Bei Rückrufaktionen der Industrie und bei Pannen bzw. Berichtigungen in der Politik ist man geneigt, nicht einfach von einem Irrtum auszugehen, sondern fängt fast automatisch an zu prüfen, ob nicht irgendwo eine schlechte Absicht verfolgt worden ist. Mit den Unwahrheiten wurden also den Verschwörungstheorien Tür und Tor geöffnet.

Sehen wir uns nun einmal an, wie in der Politik die „kleinen Unwahrheiten" anfangen. Wenn eine Wahl stattgefunden hat und das Wahlergebnis von den einzelnen Parteien kommentiert wird, so stellt man fest, dass es fast nur Gewinner zu geben scheint. Kleine Stimmenverluste werden gerne als Erfolg bezeichnet und mit dem Hinweis versehen, dass eine andere Partei noch stärkere Verluste erlitten hat. Bei deutlicherem Verfehlen des Wahlziels kann der Kommentar beispielsweise lauten, dass überraschenderweise eine neue Partei bei der Wahl auf Anhieb erstaunlich gut abgeschnitten hat. Ich will nicht in Abrede stellen, dass es auch schon klare Eingeständnisse einer Wahlniederlage gegeben hat, dies allerdings nur in Fällen, wo es wirklich nicht mehr anders ging. Aus der Sicht der Politiker ist dieses verschleiernde Vorgehen erklärlich, wenn Politikerkarrieren auf dem Spiel stehen. Die Wähler aber haben dabei schlicht den Eindruck, dass die kommentierenden Politiker nicht recht wahrheitsliebend sind, und dieser Eindruck ist mit Sicherheit kein guter.

Polemik, Dauerkritik: Eine weitere „Chance", Minuspunkte bei den Bürgern zu sammeln ist die, dass eine Partei alles, was eine andere Partei macht oder will, grundsätzlich schlechtredet. In besonderer Gefahr, dieser Gewohnheit zu verfallen, ist naturgemäß eine Oppositionspartei. Sie hofft, durch permanente Kritik beweisen zu können, dass sie als Opposition fleißig ist und dass ihre Ansichten und Pläne besser sind als die der regierenden Partei(en). An dieser Stelle sehe ich mich nun genötigt, zwei Merksätze in den Raum zu stellen.

1. Politiker sind im Durchschnitt nicht intelligenter als Nichtpolitiker. Eine fadenscheinige Argumentation eines Politikers gegenüber Kritik wird von den Bürgern durchaus als solche erkannt.

2. Wenn sich zwei Parteien mit vergleichbarer Erfahrung mit derselben Sache befassen, so können sich zwar aufgrund verschiedener Grundeinstellungen deutliche Unterschiede im Ergebnis zeigen, für einen Totalverriss dürfte es aber in der Regel keinen Grund geben. Das Anführen sachlicher Argumente reicht völlig.

Wenn wir nun diese zwei Merksätze auf das Phänomen der Dauerkritik anwenden, so kommen wir zu dem Ergebnis, dass es gar nicht sein kann, dass eine Partei immer nur Unsinn macht, während die andere immer recht hat. Da die Bürger gemäß Merksatz 1 nicht dümmer als Politiker sind, merken sie, dass es sich bei der Dauerkritik in erheblichem Maße nur um taktisch begründete Wadenbeißerei handelt, und sind genervt.

Aussitzen: Bei der Vielfalt der Themen, mit denen sich die Politik zu beschäftigen hat, ist es unvermeidlich, dass sich ab und an eine getroffene Entscheidung im Nachhinein als nicht glücklich erweist oder ein Problem auftritt, mit dem sich die Regierung aus irgendwelchen Gründen nicht befassen möchte. Es ist dann die Aufgabe der Opposition, dies zur Sprache zu bringen. Des Öfteren hat man den Eindruck, dass in einem solchen Fall eine der wichtigsten Techniken der regierenden Partei(en) das „Aussitzen" ist. Man ergeht sich im Behandeln von aufgetretenen Fehlern oder Problemen in hinhaltender Passivität und hofft, dass sich der Rauch verzieht, bevor er wahlwirksam werden kann. Es ist offensichtlich, dass das Aussitzen als Gegeninstrument zur Wadenbeißerei anzusehen ist. Wenn nun Wadenbeißer und Aussitzer miteinander ringen und der Bürger statt eines Austauschs sachlicher Argumente nur Polemik vernimmt oder aber eisernes Schweigen herrscht, so fühlt er sich als unfreiwilliger Zuschauer in einem Kasperletheater. Dies ist besonders schlimm, wenn es sich um Sachprobleme wie z. B. die Kriminalität handelt, egal ob durch das organisierte Verbrechen oder durch Terrorismus verursacht. Die sattsam bekannte Argumentationskette „Wir brauchen strengere bzw. neue Gesetze" – „Nein, die vorhandenen Gesetze reichen aus, man muss sie nur konsequent umsetzen" – „Wir haben nicht genügend Mittel zur Umsetzung" hängt den Bürgern irgendwann zum Hals heraus. Man fragt sich, ob die vorhandenen Gesetze nicht umsetzbar sind, ob die Jurisdiktion nicht willens oder nicht in der Lage ist, sie anzuwenden, oder ob ausreichende Mittel für die Exekutive nicht rechtzeitig bereitgestellt wurden, und erhält keinerlei Antwort darauf. Diese Problematik ist sicher einer der Kernpunkte, weshalb viele Bürger mit unserer Demokratie unzufrieden sind. Es schadet dem Ansehen unserer Demokratie unendlich, wenn viele Bürger den Eindruck haben, dass Probleme wie oben beschrieben nicht sachlich gelöst werden, sondern ausgesessen werden sollen und dass deshalb vieles nicht funktioniert.

Prüfung neuer Gesetze: Für die Bürger ist es selbstverständlich, dass Waren und Dienstleistungen, die sie kaufen, einwandfrei sind. Wenn jemand ein Auto kauft, so erwartet er, dass es funktioniert und nicht dauernd in die Werkstatt muss. Wenn jemand Handwerker beauftragt, so erwartet er, dass die Arbeiten termin- und fachgerecht ausgeführt werden. Natürlich ist das politische Geschehen oft komplexer als die beschriebenen Beispiele, aber es sollte wenigstens sichtbar werden, dass die Politiker bei der Ausarbeitung von Gesetzen vorab nach bestem Wissen darauf geschaut haben, dass diese Gesetze in der Praxis auch „funktionieren" und nicht leicht umgangen oder ausgehebelt werden können. Ich habe bisher keinen Hinweis darauf gefunden, dass Gesetzentwürfe von erfahrenen Juristen, Polizisten und anderen Fachleuten auf den Prüfstand gestellt werden, um sicherzustellen, dass ein zu erlassendes Gesetz später auch zufriedenstellend greift und keine Schlupflöcher aufweist.

Genies oder Teamarbeit: Ein weiterer Punkt, der die Bürger an der Qualität der Politik zweifeln lässt, ist das personelle Erscheinungsbild der Politik. Dies soll nicht heißen, dass die Spitzenpolitiker nichts können oder sich nicht gut benehmen, sondern dass die Mitwirkenden an partei- oder regierungsinternen Arbeiten zu Problemlösungen fast nie in Erscheinung treten. Meistens entsteht der Eindruck, dass ein Spitzenpolitiker im Alleingang einen Gesetzesvorschlag erarbeitet hat. In den Nachrichten tauchen fast nur die Namen der politischen Spitzen auf. „Normale" Abgeordnete hört oder sieht man in der Regel nur, wenn sie sich über etwas beschweren, sich innerhalb ihrer Partei querlegen oder eine andere Partei angreifen. Fast könnte man meinen, es gelte die Formel „Spitzenpolitiker = Macher, einzelne Abgeordnete oder Nicht-Abgeordnete = Querulanten". Da Politiker durchaus in Kontakt mit der Industrie stehen, kann ihnen nicht entgangen sein, was (hoffentlich) alle mittelständigen bis hin zu den ganz großen Firmen wissen: Erfolgreiche Arbeit einer Firma ist stets Teamarbeit. Nur wenn alle in einer Firma wissen, worum es geht, und sich aufgerufen fühlen, ihren Beitrag zum Ganzen zu leisten, kann ein optimales Ergebnis herauskommen. Dies gilt natürlich auch für Parteien. Es ist nicht die Hauptaufgabe von Spitzenpolitikern, für ihre Partei im Alleingang zu denken, sondern eher die, aus den erarbeiteten Vorschlägen die besten auszuwählen. Wenn die Spitzenpolitiker das „geniale Solistentum" gepachtet hätten und alle Probleme im Alleingang lösen könnten, hätte es in der Vergangenheit sicherlich mehr von ihnen gegeben, die erfolgreich in die Industrie umgestiegen sind. Ohne besondere Nachforschungen diesbezüglich angestellt zu haben, fällt mir nur ein wirklich geglückter Umstieg ein (Fa. Jenoptik – Dr. Lothar Späth). Fazit: Entweder gibt es bereits eine ausgeprägte Teamarbeit in den Parteien, dann sollte man zumindest die Gremien nennen, die an einer Entscheidung oder Meinungsfindung beteiligt waren, oder man sollte das geistige Einzelkämpfertum minimieren.

Kostenkontrolle: Wie fast überall im Leben geht es auch in der Politik ums liebe Geld. Es gibt für die Länder und für den Bund Rechnungshöfe, die die Ausgaben kontrollieren und auf Fehler (unwirtschaftliche oder sinnlose Ausgaben) hinweisen. Es besteht für die Kostenverantwortlichen aus Bund und Ländern die Möglichkeit, bei Projekten bereits in der Planungsphase für die Kostenschätzung und die Prüfung der Sinnhaftigkeit die Unterstützung des Rechnungshofs einzuholen. Als Außenstehender hat man den Eindruck, dass dieser frühe Einsatz der Rechnungshöfe bei der Planung in den meisten Fällen nicht erfolgt. Man liest immer wieder von Ausgaben, die im Nachhinein von den Rechnungshöfen kritisiert werden, und könnte sich die Haare raufen. Für was ist denn ein Rechnungshof gut, wenn er überwiegend nur abgeschlossene Projekte begutachten und dann wirkungslos „hinterhermaulen" darf? Natürlich macht er damit begangene Fehler publik; es wäre aber besser, wenn er die Chance hätte, die Entstehung dieser Fehler und damit unnötige Kosten a priori zu vermeiden. Die Rechnungshöfe sollten deshalb vermehrt im Sinne einer Controlling-Institution, wie in der Industrie üblich, eingesetzt werden.

Investitionen: Auch bei Anschaffungen des Staates scheint ein massiver Bedarf an wirtschaftlicher Expertise zu bestehen. So wird publiziert, dass die Einsatzfähigkeit mancher Waffensysteme der Bundeswehr beklagenswert niedrig ist[1]. Es wird berichtet, dass Ende 2017 von sechs vorhandenen U-Booten eines bestimmten Typs nur zwei überhaupt zur Verfügung standen und auch diese beiden nicht einsatzbereit waren! Auch das neue Transportflugzeug A400M glänzte bislang nicht mit Einsatzbereitschaft, obwohl es ein neues Modell ist und alle Exemplare daher in gutem Zustand sein sollten. Doch von 15 Exemplaren waren acht verfügbar und davon drei einsatzbereit. Beim Kampfpanzer Leopard 2 standen von 244 Exemplaren im Mittel 176 zur Verfügung, davon waren 105 einsatzbereit. Selbst die Nomenklatur zur Bezeichnung des Zustandes der Waffensysteme ist schlichtweg verwirrend: Es ist mir nicht gelungen, eine klare Definition des Begriffs „verfügbar" zu finden. Wir kann es sein, dass z. B. von 176 „verfügbaren" Leopard-2-Panzern nur 105 einsatzbereit sind? Wie kommt der Unterschied zwischen der Gesamtzahl an Exemplaren und der Anzahl „verfügbarer" Exemplare zustande? Wurden da in Inspektion und/oder in Nachrüstung befindliche Exemplare von der Gesamtzahl abgezogen oder gibt es eventuell Exemplare, die an andere NATO-Staaten ausgeliehen sind? Gibt es eingemottete Exemplare? Schließlich noch die Frage: Was ist der Unterschied zwischen verfügbar und einsatzbereit? Denn logischerweise ist ein im militärischen Sinne nicht einsatzbereites Exemplar auch nicht verfügbar. Wenn alle „verfügbaren", aber nicht einsatzbereiten Exemplare schlicht und einfach defekt sein sollten, wirft das kein gutes Licht auf das Instandhaltungssystem. Man stelle sich vor, eine Spedition hätte 244 Lkw, davon 176 „verfügbar" und 105 einsatzbereit. Die Firma wäre in kurzer Zeit pleite und der Fuhrparkmeister würde wegen offensichtlicher Unfähigkeit entlassen und würde nie wieder eine Anstellung bei einer anderen Spedition finden! Wenn man in der Industrie Anlagen oder große Geräte anschafft, kalkuliert man bereits vor der Bestellung die Unterhaltskosten einschließlich des Instandhaltungsaufwands mit ein. Auch die Verfügbarkeit von Ersatzteilen wird betrachtet. Ein solches Vorgehen ist angesichts der immensen Kosten auch im Militärwesen dringend erforderlich. Die Problematik der Einsatzbereitschaft von Waffensystemen betrifft im Übrigen auch die Sicherheit unseres Landes: Bei einer geringeren Anzahl von Waffen, aber einer höheren prozentualen Einsatzbereitschaft wäre die Schlagkraft der Bundeswehr bei maximal gleichen Kosten deutlich höher! Ein weiterer Punkt, der hier nur kurz erwähnt werden soll, betrifft in 2012 aufgetretene Spezifikationsprobleme bei Gewehren (G 36). Es geht nicht an, dass auch nach mehreren Jahren nicht festgestellt werden konnte, ob der betroffene Gewehrtyp nun spezifikationsgerecht funktioniert oder nicht!

Es soll hier aber nicht ausschließlich die Bundeswehr kritisiert werden, sondern noch auf andere Schwachpunkte hingewiesen werden. Die schier unendliche Entstehungszeit des Flughafens BER ist ein Musterbeispiel dafür, dass offensichtlich nicht genügend fachliche Kompetenz zum Einsatz kam und man stattdessen prominente Politiker und Spitzenmanager als „Heilsbringer" eingesetzt hat. Wahrscheinlich hat man sich bei der Planung auch in der Kunst des „Schönrechnens" (z. B. Ansetzen von zu geringen Planungskosten durch Ignorieren existierender Erfahrungswerte) geübt.

Politik und Lobbyismus: Verlassen wir nun wieder das Thema Geld und Kosten in Verbindung mit dem Staat. Auch in der Dieselkrise hat die Politik keine gute Figur gemacht. Wieso legte die Landesregierung in Niedersachsen die Texte von Verlautbarungen in Sachen Dieselskandal der Volkswagen AG zur Durchsicht vor?[2] Gibt es ein Kontrollrecht der Industrie gegenüber der Regierung? Ich gehe davon aus, dass sowohl die Landesregierungen als auch die Bundesregierung über genügend Juristen verfügen, um sicherzustellen, dass die Texte solcher Verlautbarungen keine Formulierungen enthalten, die z. B. eine unbeabsichtigte Verunglimpfung einer Firma oder eine Preisgabe von Geschäftsgeheimnissen darstellen. Auch die Bereitwilligkeit, mit der das Bundesverkehrsministerium der Automobilindustrie in Sachen Argumentation bezüglich der Stickoxidverminderung bei Dieselfahrzeugen gefolgt ist, erscheint mir äußerst kritikwürdig. Die von der Automobilindustrie angestrebte Stickoxidverminderung durch Software ist zwar die billigste, aber bei Weitem nicht die wirkungsvollste Methode. Schließlich entstehen die Stickoxide bei Dieselfahrzeugen nicht im Steuergerät, also im Computer zur Steuerung und Überwachung des Motors, sondern in den Brennräumen des Motors. Man kann mittels Software nur besonders ungünstige Betriebszustände vermeiden oder zumindest abmildern. Nach derzeitigem Stand der Technik ist aber die chemische Behandlung der Abgase mit „AdBlue", einer wässrigen Harnstofflösung, bei Weitem wirkungsvoller.

Soziale Verschiebungen: Ein weiterer Punkt, der den Bürgern schwer im Magen liegt, sind die sozialen Verschiebungen. Es kann volkswirtschaftlich nicht gesund sein, wenn derzeit 10 Prozent der Bevölkerung weit über 50 Prozent des Besitzes innehaben und dieser Konzentrationsprozess weiter fortschreitet[3]. Selbst die Tatsache, dass Deutschland hier nur im großen Strom der anderen Staaten mitschwimmt, kann kein Trost sein. Irgendwann sind wir dann wieder an dem Punkt, an dem einst die Gedanken der Herren Marx und Engels angesetzt haben. Allerdings wissen wir heute, dass die „Diktatur des Proletariats" nicht funktioniert hat, denn das, was letztlich dabei herausgekommen ist, war eine Diktatur der Parteibonzen der sozialistischen bzw. kommunistischen Parteien und nicht die des Proletariats. Da wir aber größtenteils gar keine Diktatur wollen, sollten wir versuchen, einen Weg zu einer vernünftigeren Eigentumsverteilung zu finden, der den klassischen Sozialismus ausschließt.

Einkommensgerechtigkeit: Wenn man die Einkommen betrachtet, so gibt es eine „Sonnenseite", zu der Unternehmer, Vorstände und besonders Vorstandsvorsitzende gehören sowie ein Teil der Freiberufler. Es ist gut nachzuvollziehen, dass ein Unternehmer, der eine gute Geschäftsidee hat bzw. hatte und das materielle Risiko für sein Geschäft trägt, im Erfolgsfall auch viel verdienen darf. Ob dieses Viel bis zu einem Vermögen von Milliarden Euro führen darf, ist eine ideologische Frage, die ich nicht beantworten kann. Viele Bürger tun sich aber schwer, zu verstehen, warum ein Vorstandsvorsitzender teilweise zehn oder mehr Millionen Euro pro Jahr verdienen soll. Man kann beim besten Willen nicht behaupten, dass er hundert oder gar zweihundert Mal so viel wie ein Facharbeiter leistet. Auch für einen „Unfehlbarkeits-Bonus" gibt es keinen Grund, da es in der Vergangenheit durchaus dramatische Fehlentscheidungen von Vorständen geben hat, die Firmen ruiniert haben. Abschließend möchte ich hier die These in den Raum stellen, dass jemand, der ein bis zwei Millionen Euro im Jahr verdient, im Alltag auch nicht schlechter lebt als jemand, der zehn oder mehr Millionen Euro verdient.

Auf der „Schattenseite" der Einkommensskala gibt es bei Weitem nicht nur Menschen, die mit dem Handicap behaftet sind, in der Schule keinen höheren Abschluss geschafft zu haben oder die eine problematische Persönlichkeitsstruktur aufweisen oder krankheitsbedingt wenig leistungsfähig sind, sondern auch solche, die einfach Pech hatten. Denken wir an Menschen, die im Alter von ca. 50 Jahren ihren Arbeitsplatz verloren haben, weil die Firma, in der sie zwei oder drei Jahrzehnte zuverlässig gearbeitet haben, Pleite gegangen ist oder umstrukturiert wurde. Die Chancen dieser Menschen, einen anderen Arbeitsplatz zu bekommen, sind bekanntermaßen schlecht. Es wäre wirklich falsch, zu behaupten, dass alle Arbeitnehmer(innen) über 50 krank, unflexibel oder nicht mehr leistungsbereit sind. Hier ist eine kräftige Hilfestellung durch die Politik sehr angebracht. Wie wäre beispielsweise, wenn Menschen, die, wie oben beschrieben, arbeitslos geworden sind, bei der Besetzung von Stellen im öffentlichen Dienst (Stadtverwaltungen, Stadtwerke usw.) bevorzugt würden? Auch wäre es denkbar, dass Firmen, die sich explizit zur Einstellung solcher Mitarbeiter bereiterklären, bei der Besetzung offener Stellen nach einem festzulegenden Algorithmus etwas schneller einen Mitarbeiter vermittelt bekämen. Dies dürfte billiger sein, als über einen langen Zeitraum Arbeitslosengeld zu zahlen, und dürfte helfen, das miserable Lebensgefühl eines ohne eigene Schuld Arbeitslosen zu vermeiden.

„Reiches" Deutschland: Die Zunahme der Armut in unserem Lande geht einher mit der Lüge, dass Deutschland ein reiches Land sei. Einerseits nimmt die Zahl der Sozialkaufhäuser und Tafeln immer mehr zu und man wird ständig aufgefordert, sich ehrenamtlich zu engagieren, andererseits wird – häufig durch die Werbung und in Fernsehfilmen – der Eindruck erweckt, dass die einzigen Probleme der Deutschen darin bestehen, dicke Autos mit dem höchstmöglichen Prestigewert zu fahren und möglichst oft Urlaub in weit entfernten Ländern zu machen. Seitens der Politik sind bislang nicht allzu viele Steuerungsmaßnahmen zu erkennen, um die bestehenden „Standardwege" in eine Armut (insbesondere die Altersarmut), die mit der Menschenwürde nicht vereinbar ist, zu beseitigen.

Alles im Griff: Als einen weiteren Punkt möchte ich noch etwas aufgreifen, das zumindest bei einem Teil der Bürger Unbehagen oder Ärger hervorruft. Es handelt sich dabei um den Einsatz von V-Leuten zur Überwachung von Gruppierungen, die im Verdacht stehen, sich nicht auf der Basis des Grundgesetzes zu bewegen oder gar gewaltbereit oder gewalttätig zu sein. Sicherlich geht es nicht völlig ohne V-Leute, aber man sollte nicht den Eindruck erwecken, dass es möglich ist, allein durch eine V-Leute-Überwachung „alles im Griff" zu behalten. Man muss sich darüber im Klaren sein, dass Menschen nur in seltenen Fällen bereit sind, längerfristig ein Doppelleben für den Staat zu führen. Viel häufiger dürfte es so sein, dass an sich unbedeutende Mitglieder cincr verdächtigen Gruppierung ihr Einkommen als V-Mann aufbessern wollen. Ich kann mir nicht vorstellen, dass die durch diese Leute gewonnenen Informationen von zufriedenstellender Qualität sind und möchte darauf hinweisen, dass der erste Anlauf, die NPD verbieten zu lassen, daran gescheitert ist, dass der Bundesgerichtshof nicht ausschließen konnte, dass die NPD durch die V-Leute nicht nur beobachtet, sondern eventuell auch beeinflusst wurde. Mehr technische Überwachung wäre also sinnvoller gewesen.

Datenschutz: Innerhalb und zwischen den Parteien wird immer wieder über den Datenschutz gestritten. Das Spektrum der Standpunkte scheint vom puristischen Minimalismus bis hin zum pragmatischen Vorgehen mit der Gefahr eines zu großen „Daten-Beifangs" zu reichen. Ich möchte es an dieser Stelle bei der Bemerkung bewenden lassen, dass die Organe des Staates kaum Erfolgsaussichten haben können, wenn sie unvernetzt und mit lokalen Dateien kriminellen oder radikalen Organisationen entgegentreten wollen, die sich großflächig oder sogar international vernetzt haben.

Flüchtlinge als reines EU-Problem(?): Ein sehr wichtiges Problem stellen die Flüchtlinge dar, die 2015 in großer Zahl in Deutschland eintrafen, weil sie den unerträglichen Verhältnissen in ihren durch Bürgerkrieg bzw. Terrorismus geplagten Ländern zu entkommen suchten. Dieses Problem, das durch das politische und militärische Geschehen im Nahen Osten unvermindert fortbesteht, hat in unserem Land zu einer Spaltung der Meinungen geführt. Ein Teil der Bürger fühlt sich durch die große Anzahl an Flüchtlingen zunehmend fremd in der eigenen Heimat oder fühlt sich einfach in seiner bürgerlichen Ruhe gestört und hat angefangen, mit rechten radikalen Gruppierungen zu sympathisieren. Ein anderer Teil der Bürger sieht es als eine wichtige Aufgabe unter dem Aspekt der Menschlichkeit und der christlichen Nächstenliebe an, den Flüchtlingen zu helfen. Dies steht auch im Einklang mit dem Artikel 16a des Grundgesetzes, nach dem politisch Verfolgte Asylrecht genießen und der merkwürdigerweise nicht oder nur äußerst selten genannt zu werden scheint. Bei diesem Flüchtlingsproblem gibt es in der EU wie auch in Deutschland das erstaunliche Phänomen, dass man sich um Flüchtlingsquoten und die Verteilung von Flüchtlingen zwischen den EU-Ländern streitet, die Verursacher der Flüchtlingswelle aber geradezu mit Samthandschuhen behandelt. Wieso wird in unserem Land nur gegen Flüchtlinge oder gegen Flüchtlingsaufnahme bzw. Intoleranz demonstriert, nicht aber gegen diejenigen, die für das Elend verantwortlich sind, das die Flüchtlinge aus ihrer Heimat vertrieben hat? Es sollte doch feststellbar sein, wessen Soldaten in welchem fremden Land aktiv sind und wer welche Milizen finanziert und waffentechnisch unterstützt!

Abreißende Informationen Der letzte Punkt dieses Kapitels betrifft die Presse und die Nachrichtenorgane Rundfunk und Fernsehen, wobei ich nicht weiß, ob hier eine Abstimmung zwischen Presse bzw. Nachrichtenorganen und Politik vorliegt. Es tritt bei manchen Ereignissen oder politischen Situationen das Phänomen auf, dass die Nachrichten in Presse, Rundfunk und Fernsehen ziemlich gleichzeitig abreißen, obgleich offensichtlich ist, dass sich der Gegenstand der betreffenden Nachrichten noch nicht erledigt hat. Beispiele sind die Ukraine-Krise und die Reaktorkatastrophe in Fukushima. Natürlich kann man nicht erwarten, dass in solchen Fällen endlos und in epischer Breite berichtet wird, aber eine kurze Übersicht im Abstand von einigen Monaten wäre durchaus sinnvoll. Ein plötzlicher Nachrichtenabriss schürt bei vielen Bürgern das Misstrauen, dass bei manchen Dingen nicht die Pressefreiheit gilt, sondern eine zentrale Steuerung des Nachrichtenwesens durch die Politik maßgeblich ist.

Die oben angeführten Kritikpunkte sind im Folgenden nochmals aufgelistet:

- Aussagen von Politikern bisweilen an der Wahrheit vorbei (z. B. „Schönreden")
- Politische Auseinandersetzungen und Kritik oft durch Polemik statt mit Fakten
- Häufiges Aussitzen statt sachlicher Diskussion
- Prozesse bei Problemlösungen und bei Entscheidungen sind nicht transparent. Gibt es mehr Solistentum als Teamarbeit?
- Ungenügender bzw. falscher Einsatz der Rechnungshöfe
- Oft nicht funktionierende Investitionen des Staates (bezüglich Kosten und Ergebnis)
- Bei manchen Projekten unangebrachter Einsatz von Politik- oder Wirtschaftsprominenz statt von Fachleuten
- Enge Verflechtung zwischen Politik und Industrie
- Zu starke Spreizung der Einkommen
- Deutschland als „reiches Land" trotz Zunahme der Armut
- Überwachung von organisierten Kriminellen und von gewaltbereiten Radikalen durch Behörden oft ohne ausreichende Nutzung technischer Mittel
- In Deutschland und in der EU wird viel über Flüchtlinge gestritten. Die Verursacher der Flüchtlingsströme werden in der Regel weder genannt noch angeprangert
- Nachrichten über Probleme reißen oft über die diversen Medien hinweg abrupt und synchron ab

2. Einflusslosigkeit des Bürgers in der Politik

Wenn ein Bürger sich gründlich auf die nächste Wahl vorbereiten möchte oder gar in eine Partei eintreten und dort für einen großen Teil seines weiteren Lebens politisch mitarbeiten möchte, so braucht er Informationen, um die für ihn richtige Entscheidung bei der Wahl bzw. der Auswahl einer Partei treffen zu können. Er sollte ohne großen Aufwand Kenntnis darüber erlangen können, was denn die Parteien grundsätzlich wollen, welche Fernziele sie haben, was sie als aktuelle und wichtige Probleme betrachten und welche Nahziele ihnen am Herzen liegen.

Es scheint mir nicht eben leicht zu sein, das grundsätzliche Wollen der Parteien in Erfahrung zu bringen. Zunächst habe ich mir beispielhaft Teile der Statutenbroschüre der CDU[4], Teile des Organisationsstatuts der SPD[5] und der Bundessatzung der FDP[6] sowie die Präambel der Bundessatzung der AfD[7] angesehen. Hinsichtlich der elementaren Absichten dieser Parteien war Folgendes zu finden:

CDU (Statut der CDU, § 1): „Die Christlich Demokratische Union Deutschlands will das öffentliche Leben im Dienst des Deutschen Volkes und des Deutschen Vaterlands aus christlicher Verantwortung und nach dem christlichen Sittengesetz auf der Grundlage der persönlichen Freiheit demokratisch gestalten."

SPD (Präambel): „Die SPD ist eine demokratische Volkspartei. Sie vereinigt Menschen verschiedener Glaubens- und Denkrichtungen, die sich zu Frieden, Freiheit, Gerrchtigkeit und Solidarität, zur gesellschaftlichen Gleichheit von Mann und Frau und zur Wahrung der natürlichen Umwelt bekennen. Die SPD steht in der Gemeinschaft der sozialistischen Internationale und der Sozialdemokratischen Partei Europas."

FDP (Bundessatzung, § 1 – Zweck): „Die Freie Demokratische Partei (FDP) ist eine Partei im Sinne des Grundgesetzes der Bundesrepublik Deutschland und des Parteiengesetzes. Sie vereinigt Mitglieder ohne Unterschied der Staatsangehörigkeit, des Standes, der Herkunft, der Rasse, des Geschlechts und des Bekenntnisses, die beim Aufbau und Ausbau eines demokratischen Rechtsstaates und einer vom sozialen Geist getragenen freiheitlichen Gesellschaftsordnung mitwirken wollen und totalitäre und diktatorische Bestrebungen jeder Art ablehnen.

Die FDP ist die liberale Partei in Deutschland. Verpflichtendes Ziel für alle Liberalen ist die Stärkung und Verantwortung des Einzelnen. Die FDP steht für Toleranz und Weltoffenheit, für eine Ordnung der sozialen Marktwirtschaft und für den freiheitlichen Rechtsstaat.

Die FDP erstrebt eine Zusammenarbeit mit gleichgerichteten politischen Vereinigungen anderer Staaten mit dem Ziele, eine überstaatliche Ordnung im Geiste liberaler und demokratischer Lebensauffassungen herbeizuführen. Sie ist Mitglied der Partei Allianz Liberaler und Demokraten für Europa (ALDE Partei) und der Liberalen Internationale (LI)."

AfD (Bundessatzung der Alternative für Deutschland – Präambel): „In ernster Sorge vor politischen und wirtschaftlichen Fehlentwicklungen in Deutschland und in der Europäischen Union haben wir die Partei Alternative für Deutschland gegründet. Die europäische Schulden- und Währungskrise hat viele Menschen davon überzeugt, dass die bislang im Bundestag vertretenen Parteien zu einer nachhaltigen, transparenten, bürgernahen, rechtsstaatlichen und demokratischen Politik nicht imstande und willens sind. Wir formulieren Alternativen zu einer angeblich alternativlosen Politik. Dabei bejahen wir uneingeschränkt die freiheitlich-demokratische Grundordnung der Bundesrepublik Deutschland, unsere abendländische Kultur und die im Grundgesetz und in den Römischen Verträgen angelegte friedliche Einigung Europas."

In der Annahme, dass der größte Teil der parteilosen Bürger es ähnlich sieht, möchte ich die oben zitierten Grundsatzformulierungen kurz kommentieren: Das Statut der CDU ist von kaum zu übertreffender Kürze und die Aussage mit dem Hinweis auf die christliche Verantwortung und das christliche Sittengesetz ist perfekt minimalistisch. Es scheint mir kein Alleinstellungsmerkmal der CDU zu sein, wenn sie das öffentliche Leben auf der Grundlage der persönlichen Freiheit demokratisch gestalten will, denn alle demokratischen Parteien sollten dies wollen und sind dabei verpflichtet, es auf dieser Grundlage zu tun. Auch glaube ich nicht, dass es eine speziell christliche Ausprägungsform der Verantwortung gibt und muss feststellen, dass der Begriff „christliches Sittengesetz" zwar aus den Zehn Geboten und dem Neuen Testament ableitbar, aber für Nichtchristen nicht unbedingt gut zugänglich ist. Unter der Annahme, dass das Statut zur Erfüllung einer juristischen Notwendigkeit formuliert wurde, mag man es vielleicht akzeptieren können. Einem Bürger aber, der sich darüber informieren möchte, was die Partei vorhat, hilft das Statut gewiss nicht weiter. Wenn ich über die Bedeutung des „C" bei der CDU nachdenke, so fallen mir spontan nur drei Dinge ein, bei denen das „C" deutlich sichtbar wurde: die Bedenken der CDU bei den Abtreibungsgesetzen und bei der gleichgeschlechtlichen Ehe sowie die Haltung in der Flüchtlingsproblematik in 2015.

Die Präambel der SPD ist ein wenig aussagekräftiger formuliert als das eben betrachtete CDU-Statut und klingt durch den Nichtbezug auf religiöse Aspekte wesentlich „weltlicher". Man kann einige Denk- und Entscheidungsprinzipien der Partei erkennen. Weitere Informationen, besonders solche über das „S" (= sozial) im Parteinamen, sind aber nicht ableitbar. Für Nichtpolitiker verwirrend ist allerdings der Begriff „sozialistische Internationale", da es im Laufe des 20. Jahrhunderts mehrere „Internationale"[8] gegeben hat. Er wird hier zwar völlig korrekt verwendet, könnte aber von vielen Bürgern irrtümlicherweise mit der früheren Sowjetunion oder gar mit dem Stalinismus in Verbindung gebracht werden. Es scheint mir, dass die SPD im politischen Alltag das gleiche Problem mit dem „S" hat wie die CDU mit ihrem „C". Ich möchte der SPD in keiner Weise absprechen, dass sie für soziale Gerechtigkeit und gegen soziale Härten kämpft, leider wird dies im politischen Alltag aber nicht oder nicht ausreichend sichtbar.

Der § 1 der Bundessatzung der FDP ist umfangreicher als die oben betrachtete Präambel der SPD formuliert. Hier fällt auf, dass sich die FDP explizit auch für Nichtdeutsche zugänglich zeigt. Ich vermute, dass die FDP mit dem Begriff „freiheitlicher Rechtsstaat" meint, dass der Einzelne durch geeignete Gesetze vor staatlicher Willkür geschützt sein soll, und finde das natürlich völlig in Ordnung. Etwas schwieriger ist der Begriff der von der FDP angestrebten „Ordnung der sozialen Marktwirtschaft" zu interpretieren, denn leider ist die „soziale Marktwirtschaft"[9] kein eindeutiger Begriff. Es kann sich um eine freie Marktwirtschaft handeln, die wegen besonderer Umstände eine teilweise Regulierung erfährt (wie z. B. in Westdeutschland Ende der 1940er-Jahre), um eine Marktwirtschaft, die ein soziales Gleichgewicht wahren soll, oder um eine Marktwirtschaft, die durch wirtschaftspolitische Maßnahmen stabilisiert wird. Wie die FDP das Ziel der Stärkung und Verantwortung des Einzelnen erreichen will und was sie darunter versteht, offenbart sich mir nicht. Der Einzelne (= Bürger) kann sich und seine Verantwortung (für sich und andere) nur dadurch stärken, dass er sich beruflich fit macht, sich einen religiösen bzw. ethischen Standpunkt erarbeitet, sich um seine Gesundheit kümmert und dafür sorgt, dass er sich in einem erbaulichen sozialen Umfeld befindet, in dem er dann nach bestem Wissen arbeitet. Wo will die FDP da noch Verantwortung anbringen?

Völlig anders stellt sich die Präambel der Bundessatzung der Alternative für Deutschland dar. Man erhält den Eindruck, dass der Hauptzweck der AfD die Korrektur der Fehler der anderen politischen Parteien in Deutschland und in anderen europäischen Ländern ist. Wenn dem so ist, wäre die AfD eine „Sekundärpartei", deren Aktivitäten nur von den Fehlern der anderen Parteien bestimmt werden. Es wird kein Hinweis gegeben, nach welchen Gesichtspunkten die Korrektur erfolgen soll und was die AfD zu tun beabsichtigt, wenn es den anderen Parteien eines Tages gelingen sollte, (fast) keine Fehler mehr zu machen. Es scheint, als verstünde sich die AfD als chronische Oppositionspartei. Wenn dem so ist, liegt der Verdacht nahe, dass es sich um eine kommerzielle Partei handelt, die ihr Geschäft mit der Opposition machen will und die ihr Kapital in all den Wählern sieht, die mit den anderen Parteien nicht zufrieden sind.

Die Präambel der Satzung des Bundesverbands Bündnis 90/Die Grünen[10] ist nochmals umfangreicher formuliert als die Präambel der AfD. Ich möchte im Folgenden die Absichten von B'90/Die Grünen (Grundkonsens) in Stichworten wiedergeben, ohne dabei einen Anspruch auf Vollständigkeit zu erheben:

- Mehr Demokratie und soziale Gerechtigkeit
- Verwirklichung der Menschenrechte
- Frieden und Abrüstung
- Gleichstellung von Männern und Frauen
- Schutz von Minderheiten
- Bewahrung der Natur
- Umweltverträgliches Wirtschaften und Zusammenleben
- Achtung und Partnerschaft

In den anschließenden erläuternden Ausführungen finde ich eine Formulierung in Punkt 25 äußerst bemerkenswert: „Die Enttäuschung über mangelnde Mitwirkungsmöglichkeiten in der Zuschauerdemokratie, über gebrochene Versprechungen von Politikern und über offensichtliche Schwierigkeiten der Parteien zur Lösung elementarer Probleme hat sich längst mit den Folgen politischer und ökonomischer Chancenungleichheit und der daraus resultierenden Wut und Sündenbocksuche zu einem bedrohlichen Gemisch gepaart. Die Enttäuschung über eine unzulänglich verwirklichte Demokratie kann leicht die Angst vor Freiheit verstärken und den erneuten Ruf nach einer Diktatur laut werden lassen." **Es wird also ein Mangel an Mitwirkungsmöglichkeiten angeprangert und die Demokratie als „Zuschauerdemokratie" bezeichnet.** Diesen Aspekt werde ich später wieder aufgreifen.

Die eben beschriebenen Präambeln, Statute usw. sind, mit Ausnahme der Ausführungen von B'90/Die Grünen, nicht hinreichend informativ. Leider hat die FDP auch noch das Pech, dass die Begriffe „liberal" und „soziale Marktwirtschaft" im Sprachgebrauch nicht eindeutig definiert sind, sodass dadurch ihre Bemühungen um eine kurze und prägnante Darstellung ins Leere laufen.

Das Heranziehen der Grundsatzprogramme, die von den einzelnen Parteien in mehrjährigen Abständen neu erarbeitet bzw. angepasst werden, scheint mir ein recht steiniger Weg zum Kennenlernen der Parteien zu sein. Ich fürchte aber, dass es derzeit der wohl einzige Erfolg versprechende Weg ist. Der erste Nachteil dieser Grundsatzprogramme ist ihre meist epische Länge, die ihre wichtigsten Aussagen so verdünnt, dass der Leser sie mühsam herausdestillieren muss. Hier eine kurze Aufstellung der im Bundestag vertretenen Parteien, des Jahres der Ausarbeitung ihrer Grundsatzprogramme und der Seitenzahlen:

CDU (2007)	-	ca. 100 Seiten
CSU (2016)	-	ca. 40 Seiten
SPD (2007)	-	ca. 70 Seiten
FDP (2012)	-	knapp über 100 Seiten
Die Linke (2011)		knapp 80 Seiten
AfD (2016)	-	ca. 190 Seiten
B'90/Grüne (2002)	-	ca. 170 Seiten

Bei den Grundsatzprogrammen der klassischen Parteien (CDU & FDP) hat man den Eindruck, dass sie schwerpunktmäßig von Philosophen und/oder Historikern geschrieben wurden, die von den Grundideen und der Geschichte ihrer Partei so begeistert sind, dass sie bei deren Beschreibung kaum ein Ende finden können. Dies kann zu Diskrepanzen im Umfang der Behandlung einzelner Punkte führen. So braucht die CDU in der Präambel für die Beschreibung ihrer historischen Leistungen etwa eine Seite, während z. B. im wichtigen Punkt 189 lapidar festgestellt wird, dass „die Alterssicherung auf drei Säulen ruht: der gesetzlichen Rentenversicherung, der betrieblichen und der privaten Vorsorge".

Der CSU muss ich das Kompliment machen, dass sie sich deutlich kürzer als die anderen Parteien gefasst hat. Ihr Grundsatzprogramm ist nach meinem Eindruck stärker auf die Heimat (Bayern) und auf Freiberufler und Kleinunternehmer ausgerichtet. Dabei scheint sie allerdings beim Lob für die beiden genannten Gruppen zu vergessen, dass es auch in der Großindustrie Menschen gibt, die bei ihrer Berufsausübung gar nicht mal so dünne Bretter bohren müssen.

Die SPD zeigt sich in ihrem Grundsatzprogramm sozial wohlwollend und appelliert an eine solidarische Haltung der Bürger. Auch möchte sie (natürlich neben vielem anderen) eine gerechte Weltwirtschaftsordnung, transparente internationale Organisationen und eine Abschaffung des Vetorechts der Großmächte in der UNO. Bei aller Freude über die guten Absichten der SPD muss ich zwei kritische Fragen stellen:

- Welche Hebel hat die SPD, um eine Verbesserung der internationalen Organisationen im o. g. Sinne durchzusetzen?
- Kann sich die SPD der solidarischen Haltung der (wenigstens meisten) Bürger sicher sein?

Ein letzter Kritikpunkt von meiner Seite am SPD-Grundsatzprogramm: Warum heißt es im Kapitel 4 (Unser Weg) immer „Wir wollen …"? Wäre es nicht überzeugender, wenn es hieße: „Wir werden uns für … einsetzen"? Die in der Industrie übliche Formulierung in solchen Fällen ist übrigens: „Wir werden …"

Die FDP schafft es, ein Grundsatzprogramm mit einem sehr langen Text zu haben. Dies liegt sicherlich an zahlreichen Formulierungen, die auf die Bedeutung von (bürgerlicher) Freiheit, Selbstbestimmung, (persönlicher) Entfaltung und Verantwortung hinweisen. Die

Forderung, das Klima durch **internationales, gemeinsames Handeln** zu retten oder zu verbessern, kann mich angesichts der derzeit zahlreichen erkenntnisresistenten Politiker in vielen Ländern nicht ganz überzeugen. Es wird wohl darauf hinauslaufen, dass jedes Land im Alleingang seine Hausaufgaben machen muss und im Übrigen nur über die schimpfen kann, die auf diesem Gebiet nichts oder zu wenig tun.

Das Grundsatzprogramm von B'90/Die Grünen aus 2002 ist deutlich älter als die anderen Grundsatzprogramme und scheint mir ebenfalls sehr umfangreich formuliert zu sein. Zum Zeitpunkt der Arbeit an diesem Buch war das neue Grundsatzprogramm noch nicht fertiggestellt und kann deshalb leider hier nicht berücksichtigt werden.

Die Linke, obwohl erst 2007 gegründet, erweckt bei mir den Eindruck, die traditionellste Partei zu sein. Leider handelt es sich bei der Tradition um die des „klassischen" Sozialismus, der mit dem Zusammenbruch der Sowjetunion ein klares Scheitern erlebt hat. Ich möchte mich nicht in Details verlieren, aber ein Beispiel muss ich doch anführen: Wenn auf Seite 60 beschrieben wird, dass von Umweltsteuern, etwa von einer CO_2-Steuer, die Ärmeren überproportional profitieren müssen, komme ich zu dem Ergebnis, dass von dieser Partei keine wesentliche volkswirtschaftliche Expertise zu erwarten ist. Schließlich kostet die Umstellung auf klimaneutrale Energiegewinnung viel mehr, als alle Umweltsteuern einbringen können. Man kann die Einnahmen aus Umweltsteuern mit gutem Gewissen also nur in Sachen Klimaneutralität investieren, aber niemals an jemanden verteilen.

Wie oben ersichtlich, ist das Grundsatzprogramm der AfD mit Abstand das voluminöseste Werk, obwohl hier wahrscheinlich weder

Philosophen noch Historiker mitgewirkt haben. Die Länge ergibt sich aus zahlreichen Punkten, die in den Grundsatzprogrammen der anderen Parteien nicht vorkommen. Obgleich ich von diesem Grundsatzprogramm nicht überzeugt bin, komme ich nicht umhin, es als Lektüre zu empfehlen. Man muss es selbst gelesen haben.

Über die betrachteten Grundsatzprogramme hinweg muss ich feststellen, dass sie für eine schnelle und klare Information viel zu umfangreich sind. Das grundsätzliche Wollen einer Partei kann man nach meiner Ansicht auf weniger als einer DIN-A4-Seite darstellen. Die Hauptansatzpunkte der Parteiarbeit, aus denen auch hervorgeht, wo die Partei besonders förderlich eingreifen will, müssen klar genannt werden. Auch sollte man beachten, dass die Nennung von zu vielen Details keinen Sinn macht, da das Weltgeschehen so viele unvorhersehbare Situationen hervorbringt, dass ein zu umfangreiches Grundsatzprogramm schon nach ein bis zwei Jahren den Eindruck erweckt, in vielen Dingen an der Realität vorbeizugehen. Eine Länge der Grundsatzprogramme von maximal 20 Seiten dürfte ausreichend sein. Für die historischen Verdienste reicht eine Quellen- oder Literaturangabe.

Sollte sich jemand mit den Grundsatzprogrammen der Parteien beschäftigen wollen, hier die Quellenhinweise: CDU[11, 12], SPD[13], FDP[14], AfD[15], CSU[16], Die Linke[17], B'90/Die Grünen[18].

Wenn der oben erwähnte informationshungrige Bürger weitere Erkenntnisse über die Absichten der Parteien gewinnen will, so kann er auch deren Wahl- bzw. Regierungsprogramme einsehen, welche vor den Wahlen erstellt werden. Im Folgenden sind die Inhaltsangaben dieser Wahl- bzw. Regierungsprogramme der Parteien CDU/CSU, SPD, FDP und B'90/Die Grünen aus 2013 in Stichworten dargestellt. Eine ausführliche Einsichtnahme ist mithilfe der Quellenangaben möglich. Die Verwendung der Programme aus 2013 und nicht der Version aus 2017 (außer für die AfD) geschah deshalb, weil zum Zeitpunkt der Bearbeitung dieses Kapitels die aktuelleren Programme noch nicht vorlagen. Da sich das vorliegende Buch vorwiegend mit den Vorgehensweisen in unserer Demokratie und weniger mit der aktuellen Programmatik befasst, dürfte sich daraus kein Nachteil ergeben.

Als weitere Quelle zur Information über die Absichten der Parteien können deren Regierungs- bzw. Wahlprogramme herangezogen werden:

Regierungsprogramm der CDU/CSU 2013–2017[19)] (Enthaltene Themen)

Deutschlands Wohlstand sichern:

Soziale Marktwirtschaft – Grundlage unseres Erfolgs; Mittelstand und Industrie geben unserem Land Kraft; Rekordbeschäftigung – Arbeit für alle; Solide Finanzen – Deutschlands Stärke; Verantwortungsbewusste Steuerpolitik – Leistung muss sich lohnen; Strenge Regeln für die Finanzmärkte; Nachhaltiges Wachstum schafft Lebensqualität.

Deutschlands Chancen nutzen:

Bildungsrepublik Deutschland; Bevölkerungswandel gestalten – Verantwortung für alle Generationen; Technischer Fortschritt und Forschung bringen unser Land voran; Sichere, bezahlbare und saubere Energie; Mobilität für alle – auf Straße, Schiene, Wasser und in der Luft; Gründer schaffen Zukunft; Digitales Wachstumsland Nummer 1 in Europa; Zukunft Ost – Chance für das ganze Deutschland.

Deutschlands Zusammenhalt stärken:

Familien fördern – in jeder Lebenssituation; Frauen – Kompetenzen stärker nutzen und Chancen eröffnen; Vielfalt bereichert – Willkommenskultur schaffen; Jede Begabung zählt – Menschen mit Behinderung; Helden des Alltags – Ehrenamt und Sport fördern; Für ein gutes Leben im Alter – sichere Rente; Gesundes Land – gute Versorgung für alle; Aussiedler und Heimatvertriebene – ein Gewinn für unser Land.

Deutschlands lebenswerte Heimat schützen:

Intakte Umwelt sichern; Verlässlicher Staat in Stadt und Land; Mehr Wohnraum für bezahlbare Mieten; Gute Lebensmittel – nachhaltige Landwirtschaft; Verbraucher stärken; Kultur und Medien – Kreativität und Vielfalt schützen; Mitmachen! Einmischen! Mehr Bürgerbeteiligung; Werte stärken unser Land – Kirchen und Religionsgemeinschaften.

Deutschland: Einstehen für Freiheit und Sicherheit:

Sicheres Deutschland; Europa: stark in der Welt; Für Frieden und Menschenrechte weltweit eintreten; Nachhaltige Entwicklung und mehr globale Gerechtigkeit.

Regierungsprogramm der SPD 2013–2017[20] (Enthaltene Themen)

Finanzkapitalismus bändigen – Wirtschaft und Mittelstand stärken – Gute Arbeit schaffen:

Märkte brauchen Regeln – für nachhaltiges Wachstum; Gute Arbeit in einer modernen Gesellschaft; Miteinander für mehr Soziale Marktwirtschaft in Europa; Den wirtschaftlichen Erfolg unseres Landes sichern; Sichere und bezahlbare Energie – Die Energiewende zum Erfolg führen.

Bildung, Gleichberechtigung und Zusammenleben in einer modernen Gesellschaft:

Chancengleichheit und Aufstieg durch Bildung; Gleichberechtigung und Gleichstellung verwirklichen; Familien gehen vor; Jugendpolitik; Gleichberechtigte Teilhabe: Für eine moderne Integrationspolitik; Kultur-, Medien- und Netzpolitik.

Für eine gerechte Steuerpolitik

Soziale Sicherheit und Vorsorge:

Gesundheit und Pflege; Gute Arbeit, gute Rente; Gemeinsam leben – Menschen mit und ohne Behinderungen.

Gute Nachbarschaft:

Soziale Stadt und Zusammenhalt der Regionen; Die Stadt als Motor wirtschaftlicher und gesellschaftlicher Entwicklung; Aktionsprogramm für eine solidarische Stadt und bezahlbares Wohnen; Ländliche Räume.

Umwelt und Verbraucherschutz:
Lebensqualität und Innovation durch gute Umweltpolitik; Verbraucherinnen und Verbraucher schützen und stärken.

Demokratie leben:
Demokratie als Gesellschaftsprinzip; Bürgerschaftliches Engagement und Ehrenamt stärken; Für Freiheit und Sicherheit.

Für ein besseres Europa

Unsere Idee der Globalisierung: Gerechtigkeit für alle statt Reichtum für wenige

Deutschland besser regieren!

Wenn Sie, liebe Leser(innen), an dieser Stelle keine weiteren Wahlprogramme lesen möchten, überspringen Sie bitte die nun folgenden zwei Programme (FDP und Bündnis 90/Die Grünen) und lesen Sie weiter auf Seite 45 beim Zeichen *).

FDP: Bürgerprogramm 2013[21)] (Enthaltene Themen)

Wachstum, damit jeder aufsteigen kann:
Die Grundlage für unseren Wohlstand – stabiles Geld; Aus Verantwortung für heute und morgen – Schuldenberge abbauen; Entlastung für den Aufstieg; Mittelstand stärken, industrielle Basis erhalten, Arbeitsplätze schaffen; Impulsgeber für ein neues Zeitalter – bezahlbare und sichere Energie; Ordnungspolitik für das 21. Jahrhundert – neue Regeln für Finanzmärkte; Vielfalt der Regionen erhalten, Chancen der Demographie nutzen, ländliche Räume stärken; Gemeinsam wachsen – frei handeln.

Chancen, damit jeder über sich hinauswachsen kann:
Chancen ergreifen – lebenslange Bildung; Der Einstieg zum Aufstieg – Chancen am Arbeitsmarkt; Chancen schaffen statt Mangel verwalten – soziale Sicherheit für alle; Chancen nutzen – gemeinsam gesund leben.

Vielfalt, damit jeder eine Wahl hat:
Verantwortung stärken – in Familien und Verantwortungsgemeinschaften; Bürgerschaftliches Engagement stärken; Vielfalt leben – miteinander in einer offenen Bürgergesellschaft; Einwanderung und Integration in einem vielfältigen, offenen Deutschland; Kultur und Medien als Spiegel der Vielfalt – Kultur von allen, Kultur für alle; Deutschland als Reiseland.

Freiheit, damit jeder seinen Weg gehen kann:
Grundrechte in der digitalen Welt; Modernes Recht für eine moderne Gesellschaft; Mehr Freiheit – liberale Politik; Transparenz und Information – für fairen Wettbewerb.

Fortschritt, damit unser Land die Zukunft gewinnt:
Die Zukunft gewinnen – neues Wissen durch Forschung und Entwicklung; Für die Zukunft bauen – Moderne Infrastruktur und bezahlbare Mobilität; Attraktives Lebensumfeld gestalten – Wohnen in Stadt und Land; Zukunft möglich machen – Umwelt-, Natur- und Klimaschutz für eine lebenswerte Welt; Verantwortung für die eigenen Entscheidungen übernehmen – nachhaltig handeln.

Verantwortung, damit Europa eine stabile und verlässliche Gemeinschaft bleibt:
Europa – liberales Versprechen und Verpflichtung; Vom gemeinsamen Währungsraum zur Stabilitätsunion.

Frieden, damit mehr Menschen mehr Chancen bekommen:
In Verantwortung und Partnerschaft für mehr Frieden in der Welt; Menschenrechte sind das Fundament einer freien Gesellschaft; Freiheit schützen, Chancen schaffen – liberale Sicherheitspolitik; Partnerschaftlich Verantwortung übernehmen – weltweite Entwicklungszusammenarbeit.

Bundestagswahlprogramm 2013 von Bündnis 90/Die Grünen[22)]
(Enthaltene Themen)

Teilhaben. Einmischen. Zukunft schaffen. Warum es Zeit ist, dass sich was ändert:
Es ist an der Zeit, den grünen Wandel entschlossen voranzutreiben; Warum wir den grünen Wandel brauchen; Unser Ziel: ein besseres Morgen; Teilhaben. Einmischen. Zukunft schaffen – Motoren des grünen Wandels; Am 22. September GRÜN wählen.

100 Prozent sichere Energie:
Die Zukunft verdient unsere Leidenschaft; Die Energiewende von unten weiterführen; 100 Prozent sichere Energie ohne Kohle und Öl; Atomausstieg sicher und schnell besiegeln; Bezahlbare Wärme und Strom für alle; Klimaschutz vorantreiben – europäisch und global.

Anders wirtschaften:
Grüne Transformation der Industrie – in Deutschland, Europa und weltweit; Die Krise überwinden – durch ein solidarisches und ökologisches Europa; Finanzmärkte an die Leine nehmen; Kleine und mittlere Unternehmen stärken; Es gibt viel zu tun – von Menschen für Menschen; Solidarische Ökonomie fördern; Nachhaltiges Wirtschaften statt blinden Wachstums.

Besser haushalten:
Ökologisch, gerecht und wirtschaftlich vernünftig: die grüne Steuerpolitik; Starke Schultern schaffen mehr als schwache: die grüne Einkommenssteuer; Schulden Abbauen: die grüne Vermögensabgabe; Unfaire Steuerschlupflöcher stopfen: grüner Subventionsabbau; eine andere Politik ist möglich: die grünen Ausgabenprioritäten ab 2014.

Teilhaben an guter Arbeit:
Gute Arbeit braucht faire Löhne und Sicherheit; Gute Arbeit braucht einen effektiven Arbeitsschutz und starke Mitbestimmung; Gute Arbeit braucht Zugänge; Gute Arbeit braucht Arbeitsvermittlung; Gute Arbeit in neuen Jobs; Gute Arbeit für gute Fachkräfte.

Teilhaben an guter Bildung:
Erneuerung der Bildungsinstitutionen; Erfolg ermöglichen: für gute Kitas und Schulen; Zugänge öffnen in Ausbildung, Studium und Weiterbildung; Grüne Wissenschaftspolitik: Freiheit und Verantwortung; Gemeinsam Verantwortung tragen: Kooperationsverbot aufheben.

Teilhaben an sozialer Sicherung:
Grüne Grundsicherung; Grüne Bürgerversicherung: gerechte Finanzierung des Gesundheitssystems; Grüne Gesundheitspolitik: ortsnah und bedarfsgerecht, inklusiv und präventiv; Prävention, Hilfe und Entkriminalisierung statt Fortsetzung der gescheiterten Drogen- und Suchtpolitik; Grünes Pflegekonzept: menschenwürdig und unterstützend; Grüne Rentenpolitik: mit der Garantie gegen Altersarmut.

Teilhabe für Jung und Alt:
Chancen für alle Kinder; Raum für Familie; Beteiligung von Kindern und Jugendlichen stärken; Freiraum für Jugendliche; Teilhabe und Selbstbestimmung im Alter; Ein neuer Generationenvertrag – ein neues Zusammenleben.

Intakte Umwelt und gesunde Ernährung für alle:
Intakte Umwelt, gesundes Leben; Die Vielfalt der Natur schützen; Besser leben mit weniger Ressourcen; Die Zukunft der Landwirtschaft ist grün; Massentierhaltung – nein danke! Schluss mit der Tierquälerei.

Nachhaltige Mobilität für alle:
Ein Verkehrsnetz für alle; Mit der Energiewende auch die Verkehrswende umsetzen! Den neuen Bundesmobilitätsplan mit den Bürgerinnen entwickeln; Den Verkehr sicher und leiser machen.

Verbraucherschutz für alle:
Verbraucher(innen) mächtig machen; Schluss mit der Abzocke; Energie zu fairen Preisen; Verbraucherrechte stärken; Gesunde Ernährung ohne Gentechnik.

Freies Netz und unabhängige Medien für alle:
Wirtschaften und teilhaben: Die Zukunft ist digital; Unsere Verantwortung für ein freies Netz; Bürgerrechte in der digitalen Welt stärken; Öffentlichkeit herstellen: eine neue Medienpolitik; Urheber(innen) stärken, fairen Interessenausgleich aushandeln.

Demokratie erneuern:
Mitreden, gehört werden, mitentscheiden; Parlamente stärken, Parteien öffnen; Demokratie im Alltag beleben; Engagement fördern;

Informationsfreiheit und Transparenz konsequent ausbauen; Entschlossen gegen Rechtsextremismus, Rassismus und gruppenbezogene Menschenfeindlichkeit vorgehen.

Bürger(innen)rechte stärken:
Sicherheit in den Dienst der Freiheit stellen; Daten schützen, Freiheit sichern; Den Rechtsstaat stärken; Diskriminierungsfreie Teilhabe ermöglichen; Barrieren beseitigen – das Selbstbestimmungsrecht von Menschen mit Behinderung stärken; Menschen einbürgern – mit Integration und Inklusion; Flüchtlinge aufnehmen und menschenwürdig behandeln; Gleiche Rechte schaffen – Homo- und Transphobie entgegentreten.

Gleichberechtigung schaffen:
Gleiche Anerkennung, gleiche Sicherheit, gleiche Chance; Männer in neuen Rollen unterstützen; Die Demokratie vervollständigen; Über den Körper selbst bestimmen; Gewalt ächten; Europäische und internationale Frauenpolitik.

Kunst und Kultur beflügeln:
Kultureinrichtungen für alle öffnen; Gerechtigkeit für alle Kulturschaffenden; Eine Reform der Kulturförderung; Anstoß für Demokratie und Menschenrechte, Nachhaltigkeit und Frieden; Erinnerung wachhalten – Verantwortung übernehmen; Es lebe der Sport.

Unsere Politik vor Ort:
Bezahlbar grün wohnen; Die grüne Stadt entwickeln; Mehr Grün im ländlichen Raum; Kommunale Handlungsfähigkeit stärken; Regionen bedarfsgerecht und nachhaltig fördern; Kooperativer Föderalismus.

Unser gemeinsames Europa:
Für ein Europäisches Deutschland; Für ein demokratisches Europa; Für eine europäische Energiewende; Für ein soziales Europa der Bürgerinnen und Bürger; Für Entscheidungen auf der richtigen Ebene.

Unsere Eine Welt:
Die große Transformation: Eine Welt macht sich auf den Weg; Eine Welt der Gerechtigkeit; Eine Welt der Menschenrechte; Eine Welt des Friedens und der Schutzverantwortung; Schluss mit der unkontrollierten und geheimen Rüstungsexportpolitik; Starke Vereinte Nationen, starkes Europa; Krisen bewältigen – dauerhaften Frieden ermöglichen.

*) Bei der Betrachtung der Regierungs- bzw. Wahlprogramme fällt deren großer Umfang auf:

Partei	Hauptpunkte	Unterpunkte	Seiten
CDU/CSU	6 (+ Wahlaufruf)	35	78
SPD	10	23	118
FDP	7	33	95
B'90/Grüne	19	115	319

Man muss den Parteien einerseits zugestehen, dass sie sich große Mühe gegeben haben, umfassende Programme zu formulieren, andererseits aber tut sich der Wähler schwer, aus diesen Mammut-Werken das Wesentliche herauszulesen und dann die Programme miteinander zu vergleichen.

Als **gemeinsame Punkte** in den Programmen der oben genannten vier Parteien lässt sich Folgendes auflisten, wobei ich nicht ausschließen kann, dass mir angesichts der vielen Punkte der eine oder andere Fehler unterlaufen ist:

- Bildung – Ausbildung – Studium
- Ehrenamt, bürgerliches Engagement
- Energiewende, erneuerbare Energien
- Europa
- Umwelt
- Digitalisierung
- Familienförderung
- Finanzen, Schuldenabbau (Staat)
- Finanzmärkte
- Mittelstand, Handwerk
- Religionen
- Rente
- Verkehrswesen, Infrastruktur
- Wohnungsbau, Mieten

Wenngleich nicht alle Punkte bei jeder Partei vorkommen, dürften sich aber alle Parteien bemüht haben, ganzheitliche Programme zu erstellen. Unterschiede könnten sich teilweise aufgrund unterschiedlicher Bezeichnungen ergeben haben. Unabhängig von den Inhalten und den Details der Programme sind mir Unterschiede in der Formulierung aufgefallen: Bei dem Regierungsprogramm der Union erhält der Leser den Eindruck, als wäre in Deutschland bereits alles bestens und man müsste diesen guten Zustand nur erhalten und allenfalls in einigen Punkten etwas verbessern. Es scheint mir, als hätten bei diesem Programm Psychologen mit formuliert. Die SPD ist offensichtlich weniger zufrieden und optimistisch, wie aus manchen Formulierungen zu ersehen ist („Finanzkapitalismus bändigen ... Gleichberechtigung und Gleichstellung verwirklichen ... Gerechtigkeit für alle statt Reichtum für wenige"). Die FDP scheint von einem starken Sendungsbewusstsein getrieben zu sein und viele Ansatzpunkte für Aktivitäten zu sehen („Entlastung für den Aufstieg ... Mehr Freiheit – liberale Innenpolitik ... Zukunft möglich machen"). Nicht ganz verstehen kann ich die Hinweise auf das Schaffen, Ergreifen und Nutzen von **Chancen**. Gemeint sind hier wohl Bildung, Arbeitsmarkt, soziale Sicherheit und Gesundheitswesen, die aber alle keine Chancen, sondern Grundlagen für das Wohlergehen der Menschen sind.

Eine Hilfe bei der Herausarbeitung der Unterschiede zwischen den Parteiprogrammen kann man zum Beispiel durch die Landeszentrale für politische Bildung Baden-Württemberg[23)] oder das Bundeszentrum für politische Bildung erhalten. Diese Institutionen haben Zusammenfassungen erstellt, die die Programme auf weniger als 10 Prozent ihres ursprünglichen Umfangs verdichten; diese sind im Internet einsehbar. Das Herunterbrechen der Wahlprogramme geht bei manchen Zusammenfassungen sogar bis hin zu kurzen Kernsätzen. Es dürfte leicht einzusehen sein, dass einerseits selbst die um über 90 Prozent verkürzten Wahlprogramm-Versionen noch nicht hinreichend übersichtlich sind, während die Kernsätze wiederum nur eine zu wenig genaue Aussage zulassen. Egal wie der Wähler auch versucht, sich ein klares Bild über das politische Wollen der Parteien zu verschaffen, er erhält im gegenwärtigen System anhand der Wahlprogramme keinen zufriedenstellenden Überblick.

Wenn man sich vor Augen führt, dass die Parteien nach der Wahl von ihren Parteiprogrammen abweichen können und dass in Koalitionen einzelne Punkte nur sehr gering gewichtet werden oder ganz unter den Tisch fallen können, muss man feststellen, dass die Wahlprogramme trotz ihres gewaltigen Umfangs keine wirklich belastbare Aussage darstellen. Viel erfolgversprechender scheint es mir zu sein, sich permanent (also auch während einer Wahlperiode) die Formulierungen der Parteien anzuschauen und daraus herauszulesen, was den Parteien wichtig ist und was nicht so wichtig ist. Von den obigen Wahlprogrammen am leichtesten interpretierbar ist das von Bündnis 90/Die Grünen, denn es ist deutlich umweltgewichtet. Die politische Absicht der Partei wird klar ausgedrückt. Ein Problem dieser Partei könnten anfangs allerdings Ängste und Zweifel der Wähler gewesen sein, ob das Programm mit hinreichend viel Realitätssinn angegangen werden würde. Hier ist es hilfreich, dass in Baden-Württemberg Bündnis 90/Die Grünen in die Regierungsverantwortung gekommen sind und die Praxis zeigt, dass das Land nicht darunter leidet und der Realitätssinn mitregiert. Es wäre zu wünschen, dass es der Partei dauerhaft gelingt, den Aspekt des Machbaren zu berücksichtigen.

Wahlprogramm der AfD für 2017[24)]

Inhalte:
- Verteidigung der Demokratie in Deutschland (16 Punkte)
- Der Euro ist gescheitert: Währung, Geld- und Finanzpolitik (5 Punkte)
- Außen- und Sicherheitspolitik (6 Punkte)
- Innere Sicherheit (9 Punkte)
- Asyl braucht Grenzen: Zuwanderung und Asyl (10 Punkte)
- Der Islam im Konflikt mit der freiheitlich-demokratischen Grundordnung (1 Punkt)
- Willkommenskultur für Kinder: Familienförderung und Bevölkerungsentwicklung (11 Punkte)
- Bildung und Schule: Mut zur Differenzierung (10 Punkte)

- Kultur und Medien (6 Punkte)
- Steuern, Finanzen, Wirtschaft und Arbeit (8 Punkte)
- Sozialpolitik (9 Punkte)
- Unser Gesundheitssystem ist in Gefahr (12 Punkte)
- Schluss mit der Technologiefeindlichkeit: Energie und Klima (3 Punkte)
- Verkehrswege erhalten und ausbauen, Wohnungsbau verstärken, ländlichen Raum entwickeln (3 Punkte)
- Umwelt-, Natur- und Verbraucherschutz und Landwirtschaft (10 Punkte)

Dieses Programm ist aus 2017 (2013 gab es nach meinem Wissensstand kein Wahlprogramm der AfD oder es wurde inzwischen aus dem Internet entfernt) und sollte deshalb nicht direkt mit den vorher vorgestellten Programmen verglichen werden. Hinsichtlich der einzelnen Punkte habe ich nur deren Anzahl angegeben. Die Details können der Originalschrift entnommen werden. Formal fällt auf, dass sich die AfD viele Punkte ausgesucht hat, die geeignet sind, beim Wähler den Eindruck einer vielfältigen Gefährdung zu erwecken: Innere Sicherheit – Asyl braucht Grenzen – Der Islam im Konflikt … – Unser Gesundheitssystem ist in Gefahr.

Da sich die AfD bisher schwerpunktmäßig auf die Kritik an den anderen Parteien beschränkt hat und mehrfach Äußerungen und Verhaltensweisen von führenden AfD-Mitgliedern aufgetreten sind, die von einer großen Nähe zu Rechtsradikalen zeugen und die von einer echten demokratischen Gesinnung erheblich abweichen, möchte ich hier von einer weiteren Behandlung absehen. Wenn es die AfD nicht schafft, sich deutlich und dauerhaft von Rechtsradikalen abzugrenzen, kann sie kein konstruktives Element in unserer Demokratie sein.

Der Bürger erhält aus den Wahlprogrammen der Parteien ohne tagelange „Einarbeitung" keine hinreichende Entscheidungshilfe für einen Parteieintritt oder für eine Wahlentscheidung. Eine Chance hat er nur, wenn er sich über deren Klientel im Klaren ist. Bei Bündnis 90/Die Grünen findet er klarere Aussagen und das Ergebnis der Bundestagswahl 2017 zeigt, dass die Wähler Vertrauen dahingehend gewinnen, dass diese Partei willens und in der Lage ist, ihre Ziele mit realistischen Mitteln anzustreben.

Die Möglichkeit, dass der Bürger auch ohne Parteizugehörigkeit seine Ideen einbringt, wird zwar von Bündnis 90/Die Grünen und der CDU angeboten, es scheint aber noch keine etablierten Verfahren dafür zu geben. Im Wesentlichen ist der Wähler gezwungen, auf der Basis nicht belastbarer Aussagen im Vierjahresturnus seine Kreuzchen auf dem Wahlzettel für die Parteien zu machen, deren Spitzenpolitiker ihm als die fähigsten erscheinen und deren Kandidaten in seinem Wahlkreis ihm am besten gefallen. Was dann wirklich geschieht, kann er nicht beeinflussen. Diese Situation ist nicht befriedigend und auch nicht geeignet, um breite Begeisterung für die Demokratie, wie wir sie derzeit haben, zu erwecken.

De facto ist der Wähler in unserem Staat nicht, wie nach fast jeder Wahl betont wird, der Souverän im Staat, sondern nur ein ziemlich einflussloser „Kreuzchenmacher". Er kann zwar direkt und indirekt Abgeordnete wählen, hat auf deren Tun aber praktisch keinen Einfluss.

Die heutzutage meist nötigen Koalitionsbildungen, die nach einer Wahl ausgehandelt werden müssen, haben in der Regel einen weit größeren Einfluss auf die Politik der anstehenden Regierungsperiode als das Votum der Wähler. **Der Wähler, sofern er sich nicht mit einem Riesenaufwand informiert hat, steht vor einer anstehenden Wahl gründlich im Nebel.** Hierzu eine kurze Zusammenfassung:

- Die Absichten der Parteien sind nicht deutlich ersichtlich, da die Wahlprogramme viel zu umfangreich sind.
- Die grundsätzlichen Absichten der Parteien müssen eher aus den gewählten Formulierungen herausgelesen werden.
- Das politische Geschehen nach der Wahl ist für den Wähler kaum bis gar nicht vorhersehbar.

Vorschläge zur Lösung des Informationsproblems werde ich in Kapitel V machen.

3. Undurchsichtige Klientelpolitik

Union und SPD nehmen für sich in Anspruch, die „großen Volksparteien" zu sein, also jedermann in Deutschland vertreten zu wollen und zu können. Mit etwas Überlegung stellt man jedoch fest, dass es eine Partei für alle im Lande nicht geben kann. Wenn beispielsweise die regierende(n) Partei(en) die Interessen von Firmen bzw. Arbeitgebern bevorzugt berücksichtigt/berücksichtigen, kommen die Arbeitnehmer nicht wirklich günstig weg, und wenn primär deren Interessen berücksichtigt werden, sind die Firmen bzw. deren Inhaber nicht zufrieden. Eine Ausrichtung der Parteien auf eine Klientel ist also unvermeidlich. Leider sind die „klassischen" Parteien (CDU/CSU, SPD und FDP) bislang nicht bereit, sich offen zu ihrer Klientel zu bekennen und haben dadurch ein wichtiges Wahrheitsmoment unserer Demokratie vernachlässigt. Es scheint, als richteten sich die „klassischen" Parteien nach der Klientel aus, die sich aus der

Geschichte für sie ergeben hat. Es wäre völlig unsinnig, anzunehmen, dass CDU/CSU die christlich denkenden Menschen, die SPD die sozial engagierten Menschen und die FDP die freiheitlich denkenden Menschen vertritt. So gesehen sollten diese Parteien einmal darüber nachdenken, ob ihre Namensgebung noch vertretbar ist. Die tatsächliche Ausrichtung dürfte nach meinen Erkenntnissen ungefähr wie folgt aussehen:

- CDU/CSU: Große Firmen (Industrie, Banken) bzw. deren Inhaber und Verbände
- FDP: Freiberufler, Verbände und Firmen unterschiedlicher Größe
- SPD: Arbeitnehmer, Gewerkschaften und Kleinbetriebe

Leider sind diese Bindungen nach meinem Wissen nirgends offiziell beschrieben. B'90/Die Grünen haben es da leichter. Ihr Ziel, diejenigen zu vertreten, die die Umwelt schützen und bewahren wollen, ist zumindest aus dem Namensteil „Die Grünen" ableitbar. Bezüglich der „Linken" sehe ich mich nicht in der Lage, eine nennenswerte Klientel auszumachen. Manchmal habe ich den Eindruck, dass sie sich einfach als die Partei einer postfaktischen oder alt-sozialistischen Ökonomie versteht, was naturgemäß weder mit der Gewinnung noch mit der Erhaltung einer Klientel verbunden sein kann.

Die AfD sieht sich offensichtlich als das Sammelbecken der Unzufriedenen. Als solche wären zu nennen:

- Menschen, die mit den in den Kapiteln „Erscheinungsbild der Demokratie" und „Ausschluss des Bürgers aus der Politik" genannten Mängeln nicht einverstanden sind.
- Menschen, die in der Angst leben, dass sich durch die zahlreichen Flüchtlinge ihr Umfeld kulturell und religiös so sehr verändert, dass sie sich in Deutschland nicht mehr zu Hause fühlen können.

- Sozial Schwächere, die in Flüchtlingen eine bedrohliche Konkurrenz sehen.
- Menschen, die sich angesichts einer veränderten Situation auf dem Feld der Kriminalität und des Terrorismus in ihrer Sicherheit bedroht fühlen.
- Menschen, die die kriminellen Vorgänge in der Zeit des Nationalsozialismus ausgeblendet haben und sich nach einer Wiederkehr der damaligen „Ordnung" sehnen.

Die oben gegebenen Klientel-Zuordnungen sind natürlich nicht aus der Luft gegriffen. Einen – wenn auch groben – Hinweis erhält man aus dem Umfang der Großspenden, die die Parteien erhalten. Jährlich wird vom Deutschen Bundestag eine Liste von Spenden größer 50.000 Euro veröffentlicht, die nach Spenden von natürlichen und von juristischen Personen getrennt ist. In der folgenden Tabelle habe ich die Spenden > 50.000 Euro von juristischen und natürlichen Personen an die Parteien aufgelistet, und zwar jene aus dem Jahr 2017.

Quellen	Begünstigte Parteien				
	CDU [T€]	CSU [T€]	SPD [T€]	FDP [T€]	B´90 / Grüne [T€]
Verbände + Firmen	918	650	310	1046	170
Natürliche Personen	1964	0	100	910	373
Summen:	2882	650	410	1956	543

Parteispenden über 50.000 Euro (Großspenden) in 2017 (Quelle: [25])

Man erkennt, dass CDU, CSU und FDP den Löwenanteil an großen Spenden erhalten. Aus den Großspendenanteilen ist leicht ablesbar, dass sich Industrie und Verbände mehr der Union und der FDP verpflichtet fühlen. Es ist aber ersichtlich, dass auch die SPD Großspenden aus der Industrie erhält. Des Weiteren ist aus dem Spendenumfang natürlicher Personen zu erkennen, dass zumindest CDU und FDP die wohlhabenderen Wähler haben.

Die Praxis, dass Parteispenden > 50.000 Euro vom Bundestag veröffentlicht werden, scheint auf den ersten Blick ein schönes Beispiel von Transparenz zu sein – ist es aber leider nicht. Der Schwachpunkt dieser Praxis lässt sich mit zwei extremen Gedankenexperimenten verdeutlichen:

1. Ein Spender tätigt in einem Jahr eine Spende über 100.000 Euro und beispielsweise zehn Spenden über je 40.000 Euro. Er hat dann insgesamt 500.000 Euro gespendet, von denen der Bürger aus den Mitteilungen des Bundestags zunächst aber nur die 100.000 Euro ersehen kann, bis alle begünstigten Parteien ihre Jahresbilanz offengelegt haben. Die zehn kleineren Spenden aber, die ganz offensichtlich ein Mehrfaches der einen großen Spende sind, sind so lange verschleiert, bis alle Parteibilanzen vorliegen.
2. Wenn von einem Spender nur Spenden unter 50.000 Euro gemacht werden, bringt die Großspendenliste für ein bis zwei Jahre keine Information.

Die Parteien sind zwar verpflichtet, Spenden aus ein und derselben Quelle aufzusummieren, es scheint mir aber nicht unmöglich zu sein, dass der wahre Spendenfluss zu einer Partei mit etwas „Ungeschick" erst nach einem Jahr oder noch später ersichtlich wird.

Eine Transparenz hinsichtlich des Spendenflusses ist dringend erforderlich, da sonst Wechselwirkungen zwischen Parteien und Interessengruppen nur mühsam erkennbar sind. Meines Erachtens wäre es wesentlich besser, alle Spenden an Parteien zeitnah, also z. B. quartalsweise, aufzulisten und offenzulegen.

Eine zweite Quelle, um zumindest die wohlhabende Klientel von Parteien zu identifizieren, sind die Rechenschaftsberichte der Parteien, aus denen die Gesamtsummen der Spenden ersichtlich sind, die eine Partei während eines Jahres erhalten hat. Für 2017 sieht die Gesamtheit der Parteispenden wie folgt aus:

Quellen	Begünstigte Parteien						
	CDU [Mio. €]	CSU [Mio. €]	SPD [Mio. €]	AfD [Mio. €]	Linke [Mio. €]	FDP [Mio. €]	Grüne [Mio. €]
Verbände + Firmen	12,6	4,4	3,2	0,2	0,0	4,6	1,0
Nat. Personen	22,6	5,4	11,4	6,6	2,7	10,5	4,9
Summen:	35,2	9,8	14,5	6,8	2,7	15,1	5,9

Parteispenden 2017 (Quelle: [26])

Man erkennt wiederum, dass CDU, CSU und die FDP bei den Spenden juristischer Personen am besten abschneiden. Dabei muss man sich natürlich vor Augen führen, dass CSU und FDP deutlich kleiner sind als CDU und SPD. B'90/Grüne und AfD sind hier klar abgeschlagen. Die Tatsache, dass bei CDU und FDP auch die Spendenanteile natürlicher Personen einen außergewöhnlich hohen

Wert erreichen, weist darauf hin, dass viele der Anhänger dieser Parteien nicht eben zu den unteren Einkommensschichten gehören. Der hohe Anteil von Spenden natürlicher Personen bei der AfD dürfte auf **eine** Großspende zurückzuführen sein.

Setzt man die Spenden zu den Gesamteinnahmen der einzelnen Parteien ins Verhältnis, findet man für die Spenden Prozentwerte, die sehr nachdenklich stimmen:

Einnahmen und Spenden	Parteien						
	CDU [Mio. €]	CSU [Mio. €]	SPD [Mio. €]	AfD [Mio. €]	Lin- ke [Mio. €]	FDP [Mio. €]	B'90/Gr üne [Mio. €]
Gesamt- einnahmen	156,7	43,4	166,1	18,4	31,6	38,7	43,5
Gesamtspenden	35,2	9,8	14,5	6,8	2,7	15,1	5,9
Anteil Spenden [%]	22,5	22,6	8,7	37,0	8,5	39,0	13,6

Einnahmen der Parteien – Anteil der Spenden (2017) (Quelle: [26])

Wenn man die Spendenanteile bei CDU, CSU und besonders FDP betrachtet, kann man sich nicht mehr recht vorstellen, dass diese Parteien von ihren Spendengebern unabhängig sind. Das heißt, diese Parteien laufen, wenn sie Regierungsverantwortung tragen, Gefahr, „außengesteuert" zu sein. Einen Spenden-Prozentsatz wie bei der FDP halte ich für den Fall einer Regierungsbeteiligung dieser Partei schlichtweg für nicht tragbar. Auch die Tatsache, dass die Parteien in Wahljahren (wie 2017) mehr Spenden bekommen, kann diese hohen Spendenanteile nicht rechtfertigen. Bei der AfD scheint das hohe Spendenaufkommen in 2017 ein Sonderereignis zu sein (s. o.).

Die Tatsache, dass die Klientelzuordnung der klassischen Parteien nicht offen ausgesprochen wird, ist nicht nur sehr ärgerlich, sie ist unverantwortlich! Es geht nicht an, dass die wichtigsten Verhaltensprinzipien der Parteien nicht klar ersichtlich sind. In einer glaubwürdigen Demokratie muss es eine offene und ehrliche Nomenklatur geben. Wer der Ansicht ist, dass eine Klientelzuordnung nur auf Basis einer Betrachtung des Spendenaufkommens zu engstirnig ist, der möge einfach einmal die Milde betrachten, mit der die Automobilindustrie im Dieselskandal seitens der Regierung behandelt wurde.

Während die oben genannten Zahlen deutlich zeigen, welche Partei wessen „Freund" ist, wurden die Bürger bei der Bundestagswahl 2017 mit Wahlslogans überschüttet, die hinsichtlich des Niveaus und der Aussage in keiner Weise überzeugen können:

Wahlslogans 2017

Gemeinsam erfolgreich in Europa   (CDU)

Für ein Deutschland, in dem wir gut und
gerne leben   (CDU)

Die Zukunft braucht Ideen. Und einen,
der sie durchsetzt   (SPD)

57

Bildung darf nichts kosten. Außer etwas
Anstrengung (SPD)

Damit die Rente nicht klein ist, wenn die
Kinder groß sind (SPD)

Zeit für mehr Gerechtigkeit (SPD)

Ungeduld ist auch eine Tugend (FDP)

Die Digitalisierung ändert alles. Wann
ändert sich die Politik? (FDP)

Erst fällt nur der Unterricht aus. Dann
die ganze Zukunft. (FDP)

Lösungen finden statt Ausreden (FDP)

Jetzt wieder verfügbar. Wirtschaftspolitik (FDP)

Die Sicherheit muss besser organisiert
sein als das Verbrechen (FDP)

Digital first. Bedenken second (FDP)

Von weniger Europa hat keiner mehr (Grüne)

Umwelt ist nicht alles, aber ohne Umwelt
ist alles nichts (Grüne)

Entweder Schluss mit Kohle oder
Schluss mit Klima (Grüne)

Nur wer Chancen bekommt, kann
Chancen nutzen. (Grüne)

Zwischen Umwelt und Wirtschaft
gehört kein oder (Grüne)

Burkas? Wir stehen auf Bikinis	(AfD)
Bürger an die Macht!	(AfD)
Sicherheit für Land und Bürger!	(AfD)
Grenzen schützen!	(AfD)
Abrüsten! Waffenexporte stoppen	(Linke)
Millionäre besteuern, mehr Geld für Kitas und Schulen	(Linke)
Kinder vor Armut schützen	(Linke)
Mehr Pfalz in Berlin	(Freie Wähler)
Kümmern statt Kummer	(Freie Wähler)

Die oben angeführten Wahlslogans liegen in erheblichem Maße irgendwo zwischen aussagefrei und trivial. Ein Merksatz wie „Ewig währt am längsten" könnte in diese Aufstellung eingeflochten werden, ohne aufzufallen. Da, wo Forderungen enthalten sind, gibt es keinen Hinweis auf den Weg der Realisierung. Wo sind Aussagen zur Lage von ganz Deutschland und zu Situation Europas? Ist es nicht naheliegend, dass viele Bürger angesichts der aufgeführten Wahlslogans und ihrer „Qualität" den Eindruck gewinnen, dass sie nicht ernst genommen werden? De facto sind diese Slogans größtenteils keine prägnante Kurzinformation – sie sind in ihrer Oberflächlichkeit eher eine Verhöhnung der Wähler!

Die wichtigsten Aussagen dieses Kapitels sind hier nochmals aufgelistet:

- Keine Nennung der Klientel der Parteien. Auch die Namen der „klassischen" Parteien sind diesbezüglich nicht aussagekräftig.
- Die Informationen über die Parteispenden sind trotz guter Absichten nicht ausreichend.
- Angesichts der teilweise sehr hohen Spendenanteile an den Gesamteinnahmen der Parteien ist ihre Unabhängigkeit von den Spendern nicht gewährleistet.
- Die Wahlslogans aus 2017 sind qualitativ größtenteils inakzeptabel und teilweise einfach lächerlich.

III. Perspektive der Politiker

1. Was ist ein Politiker?

Die Tatsache, dass die Überschrift dieses Kapitels mit einem Fragezeichen endet, lässt darauf schließen, dass es schwer bis unmöglich ist, einen idealen Politiker zu beschreiben. Wenn man es dennoch versucht wäre zu fordern, dass ein idealer Politiker profunde Kenntnisse in den folgenden Disziplinen haben muss:

- Sozialwissenschaften
- Verwaltungswissenschaft
- Rechtswissenschaft
- Öffentliches Recht
- Politische Prozesse
- Internationale Beziehungen
- Staatswissenschaften
- Volkswirtschaftslehre
- Geschichtswissenschaft
- Ethik
- Psychologie

Diese Aufzählung ist wahrscheinlich nicht vollständig, aber man sieht sofort, dass es wohl nur extrem wenige Menschen gibt, die sich in all den angeführten Disziplinen wenigstens annähernd auskennen. Die Aufrechterhaltung dieser Maximalforderung an Wissen käme dem Nachweis gleich, dass das passive Wahrecht und damit letztlich die Demokratie nicht realisierbar sind. Wir brauchen aber hinsichtlich der Anforderungen, die an Politiker zu stellen sind, nicht zu verzweifeln. Betrachten wir hierzu einen Menschen-Typus, dem die meisten von uns angehören: den Autofahrer. Idealerweise sollte ein

Autofahrer viel von Maschinenbau, Mess- und Regeltechnik, Physik, Chemie, Mathematik und Rechtswissenschaft verstehen. Die Praxis lehrt uns aber, dass es genügt, mit der Handhabung eines Autos gut vertraut zu sein, die Verkehrsregeln zu kennen und zu beachten und sich darüber im Klaren zu sein, dass es unglückliche Umstände und Fehler (von anderen und einem selbst) gibt, die es angeraten erscheinen lassen, die physikalischen Möglichkeiten des Fahrens nicht aufs äußerste auszureizen. Wenn man sich zudem nicht so aufführt, als würde man mit einem Kampfauftrag in einem Panzer sitzen, sondern eher so, als würde man in einem Glaskasten durch die Straßen fahren, in den die anderen hineinschauen und sehen können, ob der Fahrer ein freundlicher und verantwortungsbewusster Mensch ist oder einer, der seine Ellenbogen einsetzt, steht einer erfolgreichen Teilnahme am Straßenverkehr nichts mehr im Wege.

Kehren wir nun zum Politiker zurück und versuchen wir, für diesen ein vereinfachtes Anforderungsprofil zu erstellen:

- Der Politiker sollte sich einen eigenen Standpunkt bezüglich der Geschichte unseres Landes, der Volkswirtschaft, des sozialen Geschehens, des Rechts, der Außenpolitik inkl. der Europapolitik und der internationalen Beziehungen erarbeitet haben.
- Er sollte über eine solide Kenntnis der politischen Grundsätze seiner Partei verfügen und seine eigenen Standpunkte mit denen seiner Partei sorgfältig abgeglichen haben.
- Er sollte über hinreichende Kenntnisse der parlamentarischen Abläufe (in Landtagen, Bundestag und EU-Parlament) verfügen.
- Er sollte den Wählern eine wirklich tragende Rolle in unserer Demokratie zugestehen.
- Er **muss** sich darüber im Klaren sein, dass er, wenn er in einen Landtag, den Bundestag oder das EU-Parlament gewählt wor-

den ist, zur interdisziplinären Zusammenarbeit mit Fachleuten gezwungen ist. Im Grunde besteht dieser Zwang aber bereits in der Kommunalpolitik.

Mit dem letzten Punkt des Anforderungsprofils kommen wir auch schon zu den Problemen der Politiker. Ich werde die Problematik der interdisziplinären Zusammenarbeit im nächsten Kapitel wieder aufgreifen. Begnügen wir uns hier mit der Erkenntnis, dass ein Abgeordneter hinsichtlich der parlamentarischen Abläufe Dinge lernen und wissen muss, mit denen er im „normalen" (= früheren) Berufsleben nicht in Berührung gekommen ist.

2. Probleme der Politiker

Da ich die Arbeitswelt der Politiker nie von innen gesehen habe, kann ich mich, was die atmosphärische Seite, betrifft, nur auf Vermutungen stützen. Ich gehe davon aus, dass innerhalb der Parteien und Fraktionen überwiegend eine gute Atmosphäre herrscht. Auch glaube ich, gesehen zu haben, dass es Mitglieder unterschiedlicher Parteien und Fraktionen gibt, die über die unterschiedlichen politischen Meinungen hinweg einander achten und schätzen und zumindest außerhalb des politischen Geschehens einen guten Umgang miteinander pflegen.

Entscheidungen – Klientelpolitik: Die Gefahr, über irgendetwas streiten zu müssen, ist in der Politik sicherlich größer als im „normalen" (nicht politischen) Berufsleben. Leider ist es in der Politik oft so, dass sich die Qualität einer Idee oder die Richtigkeit eines Vorgehens nicht sofort beurteilen lässt. Man kann also oft sowohl vor als auch nach einer Entscheidung (z. B. der Abstimmung über ein Gesetz) streiten, ohne zu einem belastbaren Ergebnis zu kommen. Die Hersteller von Waren und die Erbringer von Dienstleistungen haben es da deutlich leichter, da beispielsweise Vergleichstests oder einfach die Akzeptanz am Markt zeitnahe Hinweise auf die Qualität des Angebots bringen. Man sieht, dass die Politiker der vom demokratischen Prinzip gestellten Aufgabe, im Bedarfsfall mithilfe eines (sachlichen) politischen Streits zwischen den Parteien zur optimalen Lösung zu kommen, oft nicht gerecht werden können. Wenn dann aber noch Aspekte einer Klientelpolitik hinzukommen, die es einer oder mehreren Partei(en) nahelegen, ein Entscheidungsprinzip über die Qualität einer Einzelentscheidung zu stellen, dürfte es zu Situationen kommen, in denen sich ein Abgeordneter durchaus sehr unwohl fühlen kann. Ein weiteres Problem tritt auf, wenn es innerhalb einer Partei zwei oder gar mehrere unterschiedliche Meinungen zum Vorgehen in einer Sache gibt. Ein solches Problem ist eigentlich nur dadurch zu lösen, dass sich die Parteispitzen untereinander einigen und dann den Abgeordneten eine Empfehlung geben, die nachvollziehbar begründet ist. Leider dürfte auch eine solche Einigung oft sehr schwierig sein, wenn die Inhaber hoher Parteiposten in Konkurrenz zueinander stehen. Wenn nun das Nachgeben in einer solchen Situation nicht als Anerkennung einer besseren Idee oder als konstruktives Verhalten zugunsten der Partei angesehen wird, sondern als Führungsschwäche dessen, der bereit ist, nachzugeben, können persönliche Konkurrenzen einer Problemlösung im Wege stehen. Es scheint mir, als würden die Inhaber hoher Parteiposten, die durch Scheitern in einer Sache ihren Posten verlieren, keine zweite Chance erhalten, später wieder „nach oben" zu kommen. Dies kann zu erbitterten Kämpfen führen, die von Außenstehenden aus der Sache heraus nicht nachvollziehbar sind und dem Ansehen unserer Demokratie extrem schaden.

Arbeitszeit: Neben der Gefahr des „they never come back" im Falle eines Scheiterns, die die berufliche und eventuell auch materielle Existenz bedroht, sind Politiker auch extremen Belastungen in puncto Arbeitszeit ausgesetzt. Sie müssen bei vielen Gelegenheiten in ihrem Wahlkreis oder bei Ereignissen, die von öffentlichem Interesse sind, für ihre Partei oder für sich selbst Flagge zeigen. Darüber hinaus werden sie oft von Wählern mit deren Problemen konfrontiert. Die daraus resultierende zeitliche Belastung kann sich zu einer gesundheitlichen Gefährdung ausweiten, die fähige Politiker dazu zwingen kann, sich entweder aus der Politik zurückzuziehen oder aber ihre Tätigkeit nach einiger Zeit mit weniger Tiefe zu verrichten. Der einzige Menschentyp, der unter den beschriebenen Bedingungen ohne Probleme existieren kann, dürfte ein Vereinsmeier mit ausgeprägten Ellenbogen sein. Dies soll natürlich nicht heißen, dass ich alle Politiker diesem Menschentyp zuordne; es weist aber auf die Gefahr hin, dass sich dieser Menschenschlag in der Politik gehäuft vorkommt.

Machtmenschen, Vielredner: Zwei weitere Menschentypen, die Politikern wie Wählern das Leben schwer machen können, sind die Machtmenschen und die „Vielredner". Man darf nicht übersehen, dass die Erlangung und Erhaltung von Macht nichts mit überlegener Intelligenz und überragender Weitsicht zu tun hat, sondern ganz einfach ein Talent ist – vergleichbar dem Talent, besonders schnell zu laufen, besonders weit oder hoch zu springen, sich in der Malerei oder Schriftstellerei hervorzutun oder besonders schön zu musizieren. Die Macht ist zwar ein Hebel, um sich durchzusetzen, sagt aber nichts über die Qualität einer damit verbundenen Ansicht aus. Das eindrucksvollste und zugleich schrecklichste geschichtliche Beispiel auf dem Gebiet der politischen Macht in unserem Lande, verbunden mit schlechten Absichten, dürfte Adolf Hitler sein. Es gab aber auch in der Bundesrepublik Politiker, deren Macht beträchtlich und der Demokratie nicht unbedingt zuträglich war. Die oben genannten „Vielredner" sind der Typ von Menschen, der zu allem Möglichen Reden schwingt, die unter Umständen formal beachtlich, inhaltlich aber unbedeutend bis unsinnig sind. Leider gehen die Menschen in unserem Lande meistens davon aus, dass jemand, der über ein Thema redet, auch immer etwas zu sagen hat. Ich will hoffen, dass unsere Politiker willens und in der Lage sind, „Vielredner" zu enttarnen und Machtmenschen in die Schranken zu weisen.

Interdisziplinäre Zusammenarbeit: Eines der größten Probleme der Politiker dürfte die interdisziplinäre Zusammenarbeit sein, ohne die politische Arbeit heute nicht mehr möglich ist. Lassen Sie mich dies an den folgenden Beispielen verdeutlichen:

- Die Energiegewinnung ist aufs Engste mit der Notwendigkeit der Umweltschonung verknüpft, woraus sich die Anforderung ergibt, genaueste Kenntnisse über die Vor- und Nachteile sowie die Eigenheiten neuer, umweltfreundlicher Energiequellen zu besitzen. Auch Sekundärmaßnahmen (z. B. Energietransport und -speicherung) müssen mit einbezogen werden. Das Problem der Endlagerung radioaktiver Abfälle aus den Kernkraftwerken muss (endlich!) gelöst werden.

- Die Informationstechnologie (IT) ist längst nicht mehr nur ein geniales Instrument zur Weiterleitung und Speicherung von Daten, sondern sie ist zu einem Hauptinstrument der Geheimdienste geworden und auf dem Gebiet des Militärwesens neben Heer, Luftwaffe, Marine und militärischem Geheimdienst inzwischen als fünfte Disziplin anzusehen. Auch die Cyberkriminalität sowie die immer zahlreicheren Hassäußerungen in den sozialen Medien müssen bekämpft werden. Schließlich schwirren im Internet immer mehr Fake-News von Terrororganisationen, radikalen politischen Gruppierungen und leider auch staatlichen Quellen herum.

- Der Schutz und die Erhaltung der Umwelt sowie die Bekämpfung der Umweltverschmutzung sind längst ein globales Problem, das nur mit den vereinten Kräften verschiedenster Disziplinen gelöst werden kann.

- Die großen Flüchtlingsströme in den letzten Jahren haben nicht nur Menschen mit einer anderen kulturellen Basis in unser Land gebracht, sondern auch mit Religionen, die nicht mit dem Prinzip einer säkularen und höchstens punktuell von Religion beeinflussten Politik im Einklang stehen. Es macht wenig Sinn, sich in unserem Land und in der EU nur darum zu streiten, wie man mit den vielen Flüchtlingen und den teilweise mit unserer Grundordnung nicht vereinbaren Religionen verfahren soll. Man muss hier Fachleute hinzuziehen, die diese fremden Kulturen und Religionen kennen, die den Flüchtlingen, den Politikern und den Bürgern die Unterschiede erklären können und die aufzeigen, wo einerseits besondere Empfindlichkeiten der Flüchtlinge und andererseits unverrückbare Prinzipien unseres Staates liegen.

- Der globale Welthandel benötigt logistische Systeme, deren Einrichtung nicht dem Wildwuchs überlassen werden sollte, sondern die man z. B. unter den Aspekten Umwelt, Sicherheit und Störungsanfälligkeit staatlicherseits überwachen sollte.

- Die vielen Kostenpannen, die teils von den Rechnungshöfen oder mittelbar von anderen Organen beklagt werden – auch die weiter oben beschriebenen mangelhaften Verfügbarkeiten von militärischem Gerät sind letztlich Kostenpannen – weisen darauf hin, dass der Gedanke an ein umfassendes **Kosten-Controlling** noch nicht in der Politik angekommen ist.

Die genannten Beispiele sollten deutlich gemacht haben, dass die Politiker mit Selbstvertrauen und guter Absicht allein keinerlei Chance haben, erfolgreich zu arbeiten. Es ist unübersehbar, dass Spezialisten aus Technik, Naturwissenschaften und vielen anderen Disziplinen unverzichtbar sind. Wenn ich an meine eigenen beruflichen Aktivitäten zurückdenke, so kann ich den Politikern interdisziplinäre Zusammenarbeit nur wärmstens empfehlen. Ich habe es stets als großartig empfunden, wenn jeder Kollege seine Meinung zur anstehenden Aufgabe oder zum anstehenden Problem aus seiner jeweiligen fachlichen Sicht dargestellt hat und dadurch die Gesamtsicht erweitert und letztlich ein viel besseres Ergebnis erzielt wurde. Das Problem der Politiker bei der Zusammenarbeit mit Spezialisten besteht allerdings darin, die Grenzen eines berechtigten Lobbyismus im Auge zu behalten und sich nicht von Fachleuten, die die Interessen ihrer (Industrie-)Verbände über alles andere stellen, an der Nase herumführen zu lassen. Um dies zu vermeiden, könnten sich die Parteien z. B. über ihre parteinahen Stiftungen von Experten beraten lassen, die ihre Ergebnisse untereinander austauschen und vergleichen. Natürlich muss ein solcher Vergleich auch die Ergebnisse der Fachleute in den Ministerien mit einbeziehen, um möglichst objektive Resultate sicherzustellen und verdeckte Einflussnahmen auszuschließen.

Machtbefugnisse: Ein weiteres Problem von Politikern ist der Umgang mit Machtbefugnissen. Es ist unter dem Aspekt der Macht sicherlich eine große Versuchung, Daten, die in der eigenen Behörde erarbeitet wurden, anderen Stellen nicht zur Verfügung zu stellen, oder Zuständigkeiten, die für die eigene Einheit keinen Sinn mehr machen, nicht an andere Einheiten abzugeben. Auch ist es für EU-Politiker verlockend, möglichst viele Befugnisse auf ihre EU-

Behörden zu ziehen, ohne darüber nachzudenken, ob dies sinnvoll ist. Auch unser Föderalismus sollte einmal gründlich darauf durchleuchtet werden, ob denn alles, was derzeit in Länderhoheit ist, auch zwingend dort belassen werden muss. Hinsichtlich des Bildungswesens ist es natürlich verständlich, wenn Themen, die mit der regionalen Geschichte verbunden sind oder mit Leistungen, die in einem Bundesland vollbracht wurden, besonders berücksichtigt werden. Wenn dies dann an den Schulen beispielsweise in die Fächer Geschichte, Deutsch, Musik, Bildende Kunst und Gemeinschaftskunde einfließt, ist das sinnvoll. Dagegen unterstehen die Mathematik, die Physik, die Chemie und die Biologie in ganz Deutschland denselben Gesetzmäßigkeiten und es wäre besser, wenn die Länder gemeinsam (gegebenenfalls auch mit dem Bund) daran arbeiten würden, in diesen Fächern eine einheitliche Ausbildung nach den bestmöglichen Standards sicherzustellen.

Entkoppelung der Politik vom „normalen" Berufsleben: Das Hauptproblem der Politiker ist aber sicherlich die fast völlige Entkoppelung der Politik vom Berufsleben der Bürger. Damit meine ich, dass Berufspolitiker praktisch keine Chance haben, Erkenntnisse, die in den beruflichen Alltag der Bürger während der letzten Jahrzehnte eingeflossen sind, bei ihrer politischen Arbeit quasi „en passant" zu übernehmen und zu nutzen. Diese Problematik ist teilweise schon in dem enthalten, was ich bereits im Zusammenhang mit der interdisziplinären Zusammenarbeit beschrieben habe. Etwas genauer betrachtet, stellt sich das Problem wie folgt dar:
- Jede Firma steht in Konkurrenz mit anderen Firmen und muss sich in allen Bereichen stetig optimieren. In diese Prozess fließen die Erkenntnisse aller Teilbereiche der Firma ein (Produktentwicklung, Produktion, Marketing, Controlling etc.). Da sich

Staaten in ihrer Größe, der geografischen Lage, dem Klima, den Bodenschätzen, den aus der Geschichte hervorgegangenen Faktoren und vielen anderen Gegebenheiten unterscheiden, ist es kaum möglich, dass die Regierungen, also der verantwortliche Teil der Politiker, analysieren können, ob ihre Arbeit mehr oder weniger erfolgreich als die anderer Regierungen ist.

- Um in den Optimierungsprozess eine Systematik zu bringen, haben insbesondere die Firmen, deren Tätigkeit mit höheren Gefahren und Risiken verbunden ist und die international tätig sind, das Instrument der Qualitätssicherung eingeführt und tun dies kund, indem sie darauf hinweisen bzw. nachweisen, dass sie auf diesem Gebiet zertifiziert sind. Natürlich gibt es keine Qualitätszertifizierungen von Regierungen und Behörden nach irgendwelchen Normen, aber es wäre überaus nützlich, wenn Vorgehensweisen des Qualitätsmanagements in die Organisation von Behörden, Ministerien und auch von Parteien Eingang fänden. Was müsste man hierfür in etwa tun? Man müsste zunächst die Organigramme von staatlichen Organisationen (Behörden und Ministerien) und von Parteien durch Ablaufdiagramme für alle wiederholt stattfindenden Vorgänge ergänzen. Der tiefere Sinn solcher Ablaufdiagramme liegt natürlich nicht in der Erzeugung schöner und/oder eindrucksvoller Bildchen, sondern zum einen in der Möglichkeit der Kontrolle, ob alle Abläufe klar definiert und sinnvoll sind, und zum anderen darin, dass sich neue Mitarbeiter oder Abgeordnete auf möglichst einfache Weise einen Überblick über Arbeitsabläufe und Entscheidungsprozesse verschaffen können. Auch würde das Auffinden von „organisatorischem Niemandsland" erleichtert und es käme bald wesentlich seltener vor, dass Zuständigkeiten nicht festgelegt sind und Probleme bzw. deren Lösung etwa zwischen Behörden hin und her geschoben werden. Das Einzige, was man zusätzlich benötigen würde, wären einige wenige Stellen, die Störungen in Abläufen registrieren und anhand einfacher Mittel beim Auffinden von Schwachstellen helfen. Wenn Sie, lieber Leser, sich jetzt fragen: „Was soll der bürokratische Quatsch, den der Autor hier verlangt?", dann schauen Sie bitte auf die Wahrung der Bürgerrechte, die durch das Grundgesetz und die davon abgeleiteten Gesetze sehr genau – und ähnlich genau wie in einem Qualitätsmanagement-System – definiert sind. Diese Wahrung (der Bürgerrechte) funktioniert einwandfrei und es gibt auf diesem Gebiet keinerlei Anlass zu Demokratieverdrossenheit! Wie wäre es wohl, wenn (fast) unser ganzes politisches System so gut funktionieren würde?

Bedrohungen und Gefährdungen: In jüngster Zeit sind Politiker oft Bedrohungen, überwiegend aus dem Internet, und sogar Mordversuchen und Gewalttaten ausgesetzt. Ein hoher Anteil dieser Ereignisse ist der rechten Szene zuzuordnen, woraus ersichtlich ist, dass kriminelles Vorgehen nicht nur eine „Spezialität" der Nazi-Herrschaft des Dritten Reiches war, sondern mit dem Nationalsozialismus offensichtlich untrennbar verbunden ist. **Die Politiker und wir Wähler sind gut beraten, wenn wir uns an unsere Verpflichtung erinnern, dem Nationalsozialismus in Deutschland keine zweite Chance zu geben!**

Die wichtigsten Gedanken dieses Kapitels habe ich nochmals in der folgenden Aufstellung festgehalten:
- Die Klientelpolitik kann sachlich optimalen Entscheidungen entgegenstehen.
- „Never come back" für gescheiterte hohe Politiker erzeugt unnötigen Stress.

- Politiker mit (zu) großem Selbstvertrauen, aber ohne wichtige Ideen können überbewertet werden.
- Interdisziplinäre Zusammenarbeit wird nicht oft genug oder nicht in optimaler Weise genutzt.
- Kosten-Controlling (durch Rechnungshöfe) wird nicht hinreichend genutzt.
- Unzureichende Datenvernetzung (innerhalb Deutschlands und der EU).
- Übertriebener Föderalismus in der Schulausbildung.
- Techniken des Qualitätsmanagements sind in den Parteien und bei der Regierung nicht oder kaum zu finden.
- Den Bedrohungen aus der rechten Szene muss konsequent entgegengetreten werden!

IV. Entwicklungsstand und Schwächen unserer Demokratie

Wenn man die politischen Systeme in den europäischen Ländern seit der Zeit des Römischen Reiches betrachtet, so lassen sich diese in grober Vereinfachung wie folgt benennen: Absolutismus – konstitutionelle Monarchien – Ständedemokratien – Diktaturen – militärische Fremdverwaltung in Nachkriegszeiten – Demokratien im derzeitigen Sinne. Abgesehen von den Fremdverwaltungen und von der Pest der Diktaturen im 20. Jahrhundert, deren (Un-)Geist auch in diesem Jahrhundert noch nicht ausgerottet ist, gab es eine Entwicklung vom Absolutismus über eingeschränkte Demokratien (mit einer unterschiedlichen Gewichtung der Stände) bis hin zu Demokratien heutiger Prägung. Dabei ist es meines Erachtens völlig unerheblich, ob das jeweilige Staatsoberhaupt ein Monarch (konstitutionelle Monarchie) oder ein gewählter Präsident ist. Die Art des Staatsoberhaupts ist aus der Geschichte der einzelnen Länder hervorgegangen und es soll jedem Volk unbenommen sein, ob es lieber einen König oder eine Königin oder aber einen Präsidenten oder eine Präsidentin haben möchte. Wichtig ist nur die Existenz einer Verfassung, die den Bürgern ihre freiheitlichen Grundrechte garantiert, und ein in der Verfassung festgelegtes System, das die Institutionen, ihre Befugnisse und die Wahl ihrer Verantwortlichen sowie der des Parlaments regelt und eine Gewaltenteilung sicherstellt.

Vor dem Hintergrund der eben beschriebenen Anforderungen scheint unser Grundgesetz – also die deutsche Verfassung – derart beschaffen, dass wir geneigt sind, uns zufrieden zurückzulehnen. Die Inhalte von Kapitel II (Perspektive der Bürger) machen uns aber klar, dass wir bezüglich der Zufriedenheit mit unserer Demokratie noch weit von einer Insel der Seligen entfernt sind. Unsere jetzige Demokratie hat offensichtlich noch nicht zu dem Zustand geführt, den sich die Erschaffer des Grundgesetzes vorgestellt haben. Ursächlich hierfür ist sicherlich nicht ein mangelnder Leistungswille der Politiker, sondern **die Geschichte, die uns aus dem Absolutismus heraus zu einer gewachsenen Form der Demokratie geführt hat, ohne dass irgendwann eine ganzheitliche Ab-initio-Betrachtung darüber stattgefunden hat, was eine Demokratie eigentlich können sollte.** Wenn im Absolutismus der regierende Monarch eine Politik verfolgt hat, die in erster Linie dem Adel dienlich war, so erscheint das unter dem Aspekt der Machterhaltung des Monarchen verständlich. Desweiteren ist verständlich, dass Monarchen und Adel nicht bereit waren, ihre Macht und Privilegien für eine Demokratie kampflos aufzugeben. So hat man sich langsam über eine Demokratie mit unterschiedlicher Gewichtung der Wähler entsprechend ihrem Stand bzw. ihrem Vermögen zu einer Demokratieform hinbewegt, in der alle das gleiche Stimmgewicht haben. Der Weg bis zum heutigen Stand war sicher weit und oft schwer, er ist aber noch bei Weitem nicht zu Ende, denn **der Wähler sollte einen ausreichenden personellen und vor allem inhaltlichen Einfluss auf die Politik ausüben können.** Ich habe bereits im Kapitel „Ausschluss des Bürgers aus der Politik" darauf hingewiesen, dass der Wähler de facto ein nahezu einflussloser „Kreuzchenmacher" ist. Diese Feststellung beruht darauf, dass die regierenden Politiker nicht hinreichend an den Wählerwillen gebunden sind. **Wir befinden uns nach einer Wahl gewissermaßen im Zustand eines „Absolutismus des Parlaments", der nur durch die Mehrheitsverhältnisse eingegrenzt wird.** Wenn dann noch eine Partei, deren Wähler natürlich den Wunsch hatten, dass die von ihnen gewählte Partei (mit)regiert, aus taktischen Erwägungen gar nicht in die Regierung, sondern in die Opposition gehen will, fragen sich viele „Warum haben wir eigentlich gewählt?" und wir nähern uns dem Punkt, an dem viele sagen: „Warum soll ich noch zur Wahl gehen? Die da oben machen ja eh, was sie wollen." Die Folgen sind uns wohlbekannt: Nichtwähler und Protestwähler. Die erste Gruppe hat resigniert und hat ihre Sympathie für den Staat und die Demokratie mehr oder weniger verloren und die zweite Gruppe weiß nicht, wie sie ihrer Meinung Gehör verschaffen soll, und verhält sich bei der Wahl wie ein trotziges Kind nach der Methode: „Hauptsache, das Wahlergebnis tut weh." Der Frust dieser Protestwähler ist offensichtlich groß genug, dass sie den Schaden und die Gefahren, die sich aus ihrem Wahlverhalten für den Staat ergeben, entweder nicht bedenken oder bewusst in Kauf nehmen.

Die Demokratie in der jetzigen Form hat außerdem den ernsten Mangel, dass der Wähler nur mit Einschränkungen den Personenkreis beeinflussen kann, der im Parlament tätig ist. Wenn eine Partei einen Kandidaten, der sich bei vielen Wählern unbeliebt gemacht hat, auf einen vorderen Platz ihrer Landesliste setzt, so kann ein Wähler, der diesen Kandidaten überhaupt nicht mag, seine Wahl nicht verhindern. Er hat dann nur die Möglichkeit, die Landesliste einer anderen Partei zu wählen, die ihm unter Umständen viel weniger zusagt als die Partei dieses „Horror-Kandidaten". Hier wäre es hilfreich, wenn es für den Wähler ein Verfahren gäbe, wenigstens einen (oder einige wenige) der Listenkandidaten abzuwählen. Die Möglichkeit, dass ein Kandidat, der in einer Partei eine starke Hausmacht hat, aber bei den Wählern unbeliebt ist, über die Landesliste selbst gegen den Wählerwillen über mehrere Legislaturperioden „mitgeschleppt" werden kann, schadet unserer Demokratie wirklich sehr.

Wie ich in Kapitel II unter **Klientelpolitik** schon beschrieben habe, vermeiden es die „alten" Parteien in Deutschland peinlichst, ihre

Klientel zu benennen, obgleich es offensichtlich für eine Partei unmöglich ist, es allen Bürgern recht zu machen und damit eine wirkliche Volkspartei zu sein. Man könnte auch deutlicher sagen: **Wer sich Volkspartei nennt, will mit dieser Bezeichnung nur Wählerstimmen fangen.** Wie wäre es beispielsweise, wenn sich die CDU in IPD (= Industrienahe Partei Deutschlands) umbenennen würde? Die Traditionalisten in der Partei werden jetzt sicherlich blutunterlaufene Augen bekommen, was ich ihnen aber nicht ersparen kann. Der TÜV würde heutzutage auch keine gute Figur machen, wenn er sich noch „Verein für Dampfkesselwesen" nennen würde. Den Vorschlag „IPD" mache ich übrigens ohne Ironie oder gar Häme, denn unser Land, das nicht mit herausragenden Bodenschätzen gesegnet ist, ist darauf angewiesen, eine leistungsfähige Industrie zu besitzen. Vor diesem Hintergrund ist es völlig richtig, dafür zu sorgen, dass es der Industrie gut geht und damit die wirtschaftliche Stärke unseres Landes gesichert ist. Natürlich sollte es einer Partei auch unbenommen sein, zwei oder drei Grundsatzziele zu nennen, sodass eine IPD/CDU auch weiter am „C" festhalten könnte. Sie müsste dann aber in Sachen „C" eine kräftigere Gewichtung erkennen lassen, was angesichts der christlichen Tradition unseres Landes und einer zunehmend nichtreligiösen Einstellung der Bevölkerung auch dringend notwendig wäre. Nachdem ich mich nun zur CDU geäußert habe und der Meinung bin, dass auch die CSU ähnlichere Überlegungen im obigen Sinne anstellen sollte, möchte ich nun zur SPD kommen. Diese Partei scheint mir darunter zu leiden, dass sie derzeit kein Grundsatzprogramm zu bieten hat, das eine Klientel nachhaltig anspricht. Andersherum ausgedrückt: Sie hat zurzeit keine oder zumindest keine hinreichend große Klientel mehr, obwohl doch die Arbeitnehmer – zumindest zu großen Teilen – ihre Klientel ausmachen sollten. Ich halte diese missliche Lage durchaus für überwindbar und werde dieses Thema an späterer Stelle wieder aufgreifen. Die FDP schließlich hat mit Freiberuflern und Selbstständigen eine recht gut umrissene Klientel. Ein Problem für die FDP ergibt sich eher daraus, dass ein erheblicher Teil der Freiberufler in stabilen materiellen Verhältnissen lebt und deshalb keiner permanenten Hilfe durch die Politik bedarf. Ob die FDP sich auch für die Inhaber kleiner Handwerksbetriebe zuständig fühlt, die teilweise durch große Industriefirmen in Bedrängnis geraten und für Freiberufler, die als Ein-Personen-Firma arbeiten und Unterstützung vonseiten die Politik gebrauchen könnten, vermag ich nicht zu sagen.

Bündnis 90/Die Grünen ist hinsichtlich seines Grundprogramms in einer sehr glücklichen Lage. Die Forderung nach einer Umweltverträglichkeit des Wirtschaftens ist vor dem Hintergrund der weltweit festgestellten Umweltverschmutzungen (z. B. Kunststoffe in Meeren und Organismen) und der Klimaerwärmung absolut nachvollziehbar. Ich gehe davon aus, dass das Anstreben von Umweltverträglichkeit Zustimmung in fast allen Kreisen der Bevölkerung findet, sodass sich für diese Partei eine breit gestreute Klientel ergibt. Allerdings darf sie sich nicht dazu hinreißen lassen, bei der Ansteuerung dieses Ziels die realen Möglichkeiten außer Acht zu lassen.

Nachdem ich im vorigen Abschnitt die Notwendigkeit der Nennung der Klientel einer Partei angesprochen habe, die sich in der Regel aus deren Grundprogramm ergeben sollte, möchte ich nun auf die Notwendigkeit der Nennung von kurz- bis längerfristigen Zielen hinweisen, die ich in Ermangelung einer Nomenklatur-Vorgabe als „Hauptziele" bezeichnen möchte. Diese Hauptziele sollen die Lösung wichtiger Probleme betreffen, von denen man annehmen kann, dass sie in einem Zeitraum von circa einem Jahr bis nötigenfalls aber auch einem Jahrzehnt oder mehr zu lösen sind. Die Verfolgung solcher Hauptziele hat den federführenden Parteien in der Geschichte der Bundesrepublik stets gutgetan. Beispiele dafür sind der Wiederaufbau, der wirtschaftliche Aufschwung und Versöhnung mit dem Ausland nach dem Zweiten Weltkrieg, der Dialog mit dem politischen Gegner (Ost-West-Dialog) und die Wiedervereinigung. Man sieht an diesen Beispielen, dass diese Programme nicht im Privatbesitz einer Partei waren und dass auch eine parteiübergreifende Zusammenarbeit niemandem geschadet hat. Für die Wähler war es aber sicherlich wohltuend und beim Wahlakt hilfreich, dass klare und wichtige Ziele definiert worden waren und nachprüfbar verfolgt wurden. Die derzeit angestrebte klimaneutrale Energienutzung drängt sich hier als neues Hauptziel geradezu auf, wobei deren Realisierung sicherlich deutlich mehr als ein Jahrzehnt in Anspruch nehmen wird.

Wie ich im Kapitel „Probleme der Politiker" bereits angeführt habe, besteht die Notwendigkeit, dass Politiker mit Fachleuten diverser Fachrichtungen interdisziplinär zusammenarbeiten. Dies kann in der Weise geschehen, dass man Analysen zu bestehenden Problemen unter Hinzuziehung von Fachleuten erarbeitet oder aber indem man Betrachtungen zu sich abzeichnenden Entwicklungen zusammen mit Fachleuten anstellt, um nicht eines Tages vor unvorhergesehenen, unangenehmen Situationen zu stehen. Natürlich gibt es auch den einfachen Fall, dass man einfach eine kurzfristige Problemlösung erarbeiten will. Für einen politisch Außenstehenden wie mich besteht der Eindruck, dass der Einsatz von Fachleuten in der derzeitigen Demokratie bisher nicht ausreichend erfolgt bzw. noch nicht optimal gelungen ist. Der Grund hierfür könnte darin liegen, dass es Fachleute von Hochschulen gibt, deren Ansichten je nach ihren persönlichen Interessen einerseits völlig praxisnah, andererseits aber auch „akademisch elfenbeinern" sein können und dass sich Fachleute aus der Industrie teilweise mehr ihrer Firma als dem Staat verpflichtet fühlen. Auch der Umgang mit Beratern ist nicht einfach. Im optimalen Fall kann eine Beratung zu einer Problemlösung führen, die der Berater vorschlägt und solide begründet. Oft hilft der Berater aber nur, mit einer ihm vertrauten Methode ein Problem zu analysieren und überlässt es dann im Grunde dem Auftraggeber selbst, eine Lösung zu finden. Derart gefundene Lösungen sind bisweilen nicht wirklich gut, wenn etwa der Berater die fachliche Erfahrung, die man von ihm erwartet, selbst gar nicht besitzt, was dann trotz seiner „Beratung" zu recht blauäugigen Lösungen führen kann. Der Einsatz von Spezialisten durch die Politik bedarf also noch einer Optimierung.

Ein anderes Problem, das mir in unserer derzeitigen Demokratie noch nicht gelöst scheint, ist die Eingrenzung des Lobbyismus. Es steht außer Zweifel, dass Lobbyismus unverzichtbar ist, und zwar dann, wenn es sich um einen Lobbyismus handelt, den ich als defensiv bezeichnen möchte. Wenn z. B. Gesetzentwürfe manche Industriezweige unangemessen benachteiligen oder wenn neuartige Produkte durch den Staat in ihrer Auswirkung beurteilt werden müssen, ohne dass im zuständigen Ministerium hinreichend Detailkenntnisse darüber vorliegen, sind Hilfestellungen vonseiten Industrie sicherlich von beiderseitigem Vorteil. Die Sache wird jedoch problematisch, wenn die betriebswirtschaftlichen Interessen einer oder mehrerer Firmen den volkswirtschaftlichen Interessen oder den Umweltinteressen entgegenstehen. Lassen Sie uns hierzu zwei Beispiele betrachten:

- Ein Kleinstwagen mit nur mäßig viel Zubehör wiegt etwa 1000 kg und kostet (Listenpreis) etwa 14.000 Euro. Daraus errechnet sich ein Kilopreis von größenordnungsmäßig 14 Euro. Für ein Luxusauto können, ohne den möglichen Aufpreisrahmen auch nur annähernd ausgeschöpft zu haben, 1700–2000 kg Gewicht und ein Preis von etwa 100.000 Euro angesetzt werden. Der Kilopreis liegt hier bei größenordnungsmäßig 50–60 Euro. Es ist leicht ersichtlich, dass der Verkauf größerer, leistungsfähigerer und gut ausgestatteter Autos für die Hersteller ein wesentlich rentableres Geschäft ist. Betriebswirtschaftlich ist es also völlig in Ordnung, wenn sich die Automobilhersteller zu größeren Modellen hin orientieren – soweit die Kunden dies mitmachen. Die Umwelt wird aber durch die Produktion der größeren Modelle deutlich stärker belastet und der Spritverbrauch dieser Modelle ist erheblich größer.

• Wenn eine Immobilienfirma in einer Stadt eine heruntergekommenen Häuserblock kauft und so saniert und modernisiert, dass mitten in der City schicke und komfortable Wohnungen entstehen, die nun als Kauf- oder Mietobjekte erheblich teurer als in ihrer ursprünglichen Form sind, so kann das im singulären Fall eine Innenstadt attraktiver machen. Wenn aber häufig und an vielen Stellen in einer Stadt derartig saniert wird, wird innerstädtischer Wohnraum für viele Normalverdiener unbezahlbar und die Sanierungswelle führt zu einer Vertreibungswelle aus der Innenstadt, was den sozialen Frieden stört und die Zahl der Pendler und somit die Umweltbelastung erhöht. Allerdings ist ein betriebswirtschaftlich sinnvolles Verhalten der Sanierer auch in diesem Falle gegeben.

Diese beiden Beispiele, die sicherlich nicht weltfremd sind, zeigen die Problematik des Lobbyismus deutlich auf. Wenn die Politik den Automobilherstellern nahelegen würde, sich bei der Vermarktung von Luxusautos aus Gründen der Umwelt Zurückhaltung aufzuerlegen, würden die Hersteller dies als einen unangemessenen Eingriff in ihre Handlungsfreiheit empfinden, lautstark protestieren und wahrscheinlich mit der Verlegung von Produktionen ins Ausland drohen. Eine weitere Folge könnte sein, dass Spenden der Automobilindustrie an die Parteien geringer werden oder wegfallen würden. Die Regierung ist also hier in dem Konflikt, zwischen dem Wohl und Willen der Automobilindustrie und dem allgemeinen Gut der Umwelt bzw. den Parteiinteressen abwägen zu müssen. Hier scheint mir die Unabhängigkeit der Politik nicht mehr gegeben zu sein. Es ist auch nicht ausgeschlossen, dass das Verhalten der regierenden Parteien in Sachen Autobahn-Höchstgeschwindigkeit im Lobbyismus gründet. Denn wie sollte man einen Autokäufer motivieren, sich ein Auto mit einer Höchstgeschwindigkeit von 250–300 km/h zu kaufen, wenn er auf der Autobahn höchstens 130 km/h fahren darf? Die vielfach betonte Freiheit, so schnell fahren zu dürfen, wie man will bzw. verantworten kann, ist jedenfalls angesichts der Zustände auf unseren Autobahnen kein überzeugendes Argument. Doch nun zurück zu dem Problem Wohnungssanierungen: Der Staat hat die Notwendigkeit erkannt, mit Förderungen des sozialen Wohnungsbaus und ähnlich wirksamen Modellen der Unerschwinglichkeit von Wohnraum in den Großstädten entgegenzuwirken. Der soziale Wohnungsbau ist aber mit dem Nachteil verbunden, dass gewaltige Mengen an Steuergeldern investiert werden müssen. Dem Gewinn aus häufigen Sanierungen, wie oben beschrieben, steht also mittelbar eine massive Belastung der Steuerzahler gegenüber. Es ergibt sich somit auch hier ein Konflikt für die Regierung. Eine für alle Seiten akzeptable Eingrenzung des Lobbyismus scheint mir bislang in unserer Demokratie nicht zu existieren.

Die unzureichende Kostenkontrolle bei staatlichen Ausgaben habe ich schon im Kapitel „Erscheinungsbild der Demokratie" erwähnt und ich möchte mich dazu an dieser Stelle nicht wiederholen. Ich werde sie im nächsten Kapitel nochmals aufgreifen.

Nun möchte ich in meiner Betrachtung zum Journalismus – also Presse, Rundfunk, Fernsehen und den Informationsformen des Internets – kommen. Als Hauptaufgaben des Journalismus sind die Information der Öffentlichkeit, kritische Hinweise auf Fehler und Fehlentwicklungen sowie die Nennung von Unkorrektheiten in Politik und Wirtschaft anzusehen. Wenn man rund fünfzig Jahre zurückblickt, findet man in den Berichten aus der damaligen Zeit regelrechte (juristische) Kämpfe zwischen Publikationsorganen und der Politik. Mit großem Dank und tiefem Respekt möchte ich hier als Beispiel den SPIEGEL erwähnen. Über die letzten Jahrzehnte hinweg betrachtet scheint aber zwischen Journalisten und Politik ein Umgang entstanden zu sein, bei dem man den Eindruck gewinnt, dass jede Seite der anderen nie wehtun will. Inbesondere zwischen Politik und Tagespresse scheint ein kaum zu erschütternder Frieden eingekehrt zu sein. Ich möchte im Folgenden versuchen, die obigen Äußerungen mit einigen Beispielen zu belegen, wobei ich einräumen muss, dass mir eine repräsentative Übersicht über den Journalismus in unserem Land mit vertretbarem Aufwand nicht zugänglich war.

Die Tageszeitungen scheinen nach dem folgenden Prinzip zu arbeiten:

Regionale Informationen:	Eigene Redaktion
Überregionale und internationale Informationen:	Presseagenturen
Politische Meinungen:	Kolumnen von Redakteuren und Leserbriefe

- Investigativer Journalismus ist kaum noch zu finden. Der ist zweifellos sehr aufwendig, scheint mir aber trotzdem möglich zu sein, wenn sich Tageszeitungen zu diesbezüglichen Arbeitskreisen zusammentun.

- Solange Kommentare und Meinungen nur in Kolumnen und Leserbriefen wiedergegeben werden, finden sie in der Leserschaft keine ausreichende Aufmerksamkeit, da sie nur als Einzelmeinungen auftreten. Was fehlt, sind Stellungnahmen, die **im Namen einer ganzen Redaktion** (nach ausgiebiger Erörterung und Abstimmung) abgegeben werden!

- Es mag der Praxis der Nachrichtenagenturen entsprechen, über Ereignisse, die sich über längere Zeit hinziehen, ohne dass sich dabei einschneidende Entwicklungen ergeben, nicht mehr zu berichten. Beispiele hierfür sind der Ukraine-Konflikt, Fukushima, die türkische Armee in Nordsyrien, der Dauerkonflikt zwischen Israel und den Palästinensern. Es ist aber keine gute Praxis, wenn solche Themen in den Zeitungen durch fehlende Berichterstattung für den Durchschnittsbürger als quasi nicht mehr existent erscheinen.

- Politiker sind oft gezwungen, ihre Ansichten öffentlich, also in Reden, Parlamentsdebatten oder Interviews, vorzutragen. Wenn dabei Versprecher unterlaufen, sollten die natürlich nicht als große Fehler gebrandmarkt werden, sondern allenfalls als kleine Erheiterung im Alltag gesehen werden, wie es in der Praxis ja auch geschieht. Manchmal aber werden verbale Konstrukte erzeugt, die entweder unlogisch, unangemessen polemisch oder einfach völlig unsinnig sind. In solchen Fällen scheinen sich die Journalisten bzw. Journalistinnen nicht auf den Plan gerufen zu fühlen, kritisch oder korrigierend einzugreifen, obwohl dies im Sinne der Grundaufgaben des Journalismus erforderlich wäre.

Es sieht aus, als ob sich der Journalismus streckenweise schwertut, seine Rolle als kritisches Element in unserer Demokratie in vollem Umfang auszufüllen.

Unsere Demokratie sieht vor, dass Proteste gegen Ungerechtigkeiten oder gegen fehlerhafte bzw. schlechte Entwicklungen zu den Grundrechten der Bürger gehören. Mit anderen Worten: Demonstrieren ist ausdrücklich erlaubt.

Wenn wir nun schauen, wer in unserem Lande demonstriert, so ergeben sich schwerpunktmäßig in etwa die folgenden Personenkreise:

- Gewerkschaften
- Schüler, Studenten
- Politisch rechts bzw. links stehende organisierte Gruppen
- Gegner von Baumaßnahmen
- Umweltbewusste Bürger
- Unzufriedene Berufsgruppen

Nicht organisierte Bürger sind bei Demonstrationen höchstens als mitlaufende Teilnehmer zu finden. Es kommt nahezu nie vor, dass jemand aus diesem Personenkreis selbst eine Demonstration auf die Beine stellt. Dies ist leicht damit zu erklären, dass es für nicht organisierte Bürger einen unverhältnismäßig großen Aufwand darstellt, eine Demonstration zu organisieren und sich im Vorfeld mit ebenfalls nicht organisierten Gleichgesinnten zusammenzuschließen. Ab und an wird in unserem Land mit Bedauern festgestellt, dass sich die „schweigende Mehrheit", also wohl die nicht organisierte politische Mitte, zu vielen wichtigen Problemen nicht zu Wort meldet. Man könnte diesen Sachverhalt aber besser so beschreiben:

Die „schweigende Mehrheit" schweigt nicht – sie hat keine Stimme!

Lassen Sie mich nun zu den parteinahen Stiftungen kommen. Sie haben gemeinsam, dass sie begabte und politisch interessierte junge Menschen fördern und mit Vorträgen und Veranstaltungen zur politischen Bildung beitragen. Im Ausland sind sie praktisch weltweit tätig, um über unser Land zu informieren, politische und wirtschaftliche Kontakte zu pflegen und im Bereich Entwicklungshilfe zu arbeiten. Leider führen sie im öffentlichen Leben ein recht diskretes Dasein, denn in Presse, Rundfunk und Fernsehen treten sie kaum in Erscheinung. Dies ist insofern erstaunlich, als sie größere Einnahmen haben als die korrespondierenden Parteien, wie die folgende Tabelle belegt.

Partei	Einnahmen [Mio. €]	Einnahmen [Mio. €]	Stiftung/Verein
CDU	156,7	173,9	Konrad-Adenauer-Stiftung
SPD	166,1	180,6	Friedrich-Ebert-Stiftung
B'90/Grüne	43,5	63,3	Heinrich-Böll-Stiftung
FDP	38,7	60,2	Friedrich-Naumann-Stiftg.
CSU	43,4	67,3	Hanns-Seidel-Stiftung
Summen:	448,4	545,3	

Parteien und Stiftungen – Einnahmen 2017 (Quellen: [27), 28), 29), 30), 31)])

Ebenso erstaunlich ist, dass sie, mit Ausnahme der Friedrich-Naumann-Stiftung, gar keine Stiftungen sind, sondern den Status von Vereinen haben. Dies dürfte darauf zurückzuführen sein, dass man für die Gründung einer „Stiftung" mit dem Status eines Vereins kein Stiftungskapital benötigt. Solange die Einkünfte der Stiftungen, wie bislang üblich, hauptsächlich vom Staat kommen

(Bund und Länder), ergibt sich daraus wahrscheinlich kein Nachteil gegenüber echten Stiftungen. Im mageren Zeiten dürften die „Vereins-Stiftungen" aber finanziell weniger gut abgesichert sein.

Die parteinahen Stiftungen Deutschlands (wie immer ihr genauer Status sein mag) scheinen etwas ziemlich Spezielles zu sein. Nach meiner Kenntnis sind in Frankreich und in der Schweiz parteinahe Stiftungen verboten. Nur in Österreich gibt es etwas Vergleichbares, allerdings unter der Bezeichnung „Institute". Und in den USA scheint es Institute zu geben, die zu Ministerien gehören. Wenn man die österreichischen Institute mit den deutschen parteinahen Stiftungen vergleicht, so fällt auf, dass die parteinahen Stiftungen deutlich höhere Einnahmen als die österreichischen Institute haben. Laut WELT[32)] erhielten die parteinahen Stiftungen in 2017 staatliche Zuwendungen in Höhe von 581 Mio. Euro. Dem steht ein Gesamtetat der österreichischen Institute von nur 10,7 Mio. Euro gegenüber. Wenn man diesen Etat entsprechend der Bevölkerung hochrechnet (D: 81,5 Mio.; Ö: 8,9 Mio.), so kämen die österreichischen Institute auf 96 Mio. Euro. Die parteinahen Stiftungen in Deutschland haben also etwa das Sechsfache an staatlichen Zuwendungen. Wenn man diese Zuwendungen und die Ausgaben der Stiftungen für die internationale Zusammenarbeit betrachtet, so macht diese Zusammenarbeit rund die Hälfte der Ausgaben aus, wie der folgenden Tabelle entnommen werden kann.

Institution	Korre-spond. Partei	Zu-wen-dungen [Mio.]	Internat. Zus.-Arbeit [Mio.]	[%]
Konr. Adenauer Stiftg.	CDU	172,5	93,4	54,1
Hanns Seidel Stiftung	CSU	60,8	29,4	48,4
Friedr. Ebert Stuftung	SPD	175,4	100,8	57,5
Friedr. Naumann Stiftg.	FDP	58,9	29,9	50,8
Heinr. -Böll-Stiftung	Grüne/B.90	63,3	26,3	41,5
Summen:		530,9	279,8	
Mittelwerte:				50,5

Parteinahe Stiftungen – 2017; Anteile für internationale Zusammenarbeit (Quellen: [27], [28], [29], [30], [31])

Die internationale Zusammenarbeit der parteinahen Stiftungen dürfte schwerpunktmäßig mit dem Bundesministerium für wirtschaftliche Zusammenarbeit, dem Bundesministerium für Wirtschaft und Energie und mit dem Auswärtigen Amt erfolgen. Diese Zusammenarbeit ist aus der Sicht eines Außenstehenden nicht naheliegend, da man eher erwartet, dass sich die Stiftungen mit dem politischen Gedankengut der korrespondierenden Parteien, der politischen Weiterbildung und der Förderung junger, politisch engagierter Menschen befassen. Man gewinnt den Eindruck, dass sich die Stiftungen in erheblichem Maße (zu ca. 50 Prozent) mit Dingen beschäftigen, die nicht zu den Kernaufgaben einer parteinahen Stiftung gehören. Ich möchte aber nicht verschweigen, dass die oben beschriebene internationale Zusammenarbeit in der deutschen Politik bisher offensichtlich (wenn auch nicht naheliegend) als klassische Aufgabe der Stiftungen angesehen wird.

Wenn wir unsere derzeitige, nach dem Krieg gewachsene Demokratie betrachten, müssen wir feststellen, dass es keine grundlegenden Prozesse mit dem Ziel gegeben hat, sie systematisch fortzuentwickeln. Man kann unseren Politikern daraus keinen Vorwurf machen, denn eine Fortentwicklung ist nur dann möglich, wenn man Hinweise darauf hat, was grundsätzlich möglich sein sollte und welche Instrumente dafür zur Verfügung stehen. Auch die Demokratien in anderen Ländern haben meines Wissens keine grundlegenden Entwicklungsprozesse durchlaufen. Es wird also überall mehr auf Tradition und auf gewachsene Strukturen als auf Fortschritt geachtet.

Bevor ich im nächsten Kapitel Vorschläge machen werde, was wir an unserer Demokratie verbessern könnten, möchte ich auch in diesem Kapitel die Nachteile oder Schwächen unserer bisherigen Demokratie auflisten, wobei zur besseren Übersicht in diese Liste auch wichtige Punkte aus den vorangegangenen Kapiteln eingeflossen sind.

Nachteile bzw. Mängel unserer derzeitigen Demokratie:
- Nicht anschaulich definierte Grundsatzprogramme der Parteien.
- Mangel an mittelfristigen Hauptzielen zur besseren Orientierung der Wähler.
- Klientel der Parteien wird nicht genannt.
- Grenzen der Klientelpolitik und des Lobbyismus sind nicht klar umrissen.

- Mangel an Arbeitstechniken, die in der Industrie längst üblich sind (z. B. Elemente des Qualitätsmanagements).
- Nicht genügende bzw. nicht gelungene Einbeziehung von Fachleuten in politische Entscheidungen und Investitionen des Staates.
- Mangelhafte Kostenkontrolle durch nicht genutzte Arbeitstechniken bzw. nicht rechtzeitige Einschaltung der Rechnungshöfe.
- Zu wenig programmatischer und personeller Einfluss der Wähler.
- Journalismus in manchen Dingen nicht konsequent und kritisch genug.
- „Schweigende Mehrheit" kann ihre Meinung fast nur auf dem Wahlzettel äußern, dies aber bei Weitem nicht hinreichend genau.
- Parteinahe Stiftungen nehmen nicht bzw. nicht ausreichend Stellung zum politischen Geschehen
- Die internationalen Aktivitäten der parteinahen Stiftungen erscheinen nicht als naheliegend und werden nicht ausreichend publiziert.
- Häufiges Aussitzen statt sachlicher Diskussion.
- Zu viel Polemik statt Fakten.
- Deutschland als „reiches Land" mit zunehmender Armut.
- Zu starke Spreizung der Einkommen.
- Überwachung und Bekämpfung von Kriminalität und Terrorismus in organisierter Form erfolgt ohne ausreichende Nutzung technischer Mittel.
- Verursacher der Flüchtlingsströme werden in der Regel weder genannt noch angeprangert.
- Nachrichten über Probleme reißen oft über die diversen Medien hinweg abrupt und gleichzeitig ab.
- Wahlthemen sind meist nur auf die Interessen von privaten

Menschen zugeschnitten. Was darüber hinausgeht (Belange der EU, NATO, Dritte Welt usw.), wird nicht oder kaum berücksichtigt .

- Informationen über Parteispenden sind trotz guter Absichten nicht ausreichend klar.
- Interdisziplinäre Zusammenarbeit wird nicht genug bzw. nicht optimal genutzt.

Die oben beschriebenen Fehler und Schwächen unserer derzeitigen Demokratie erzeugen bei vielen Bürgern den Eindruck, dass in der Politik vieles nicht funktioniert, dass mit zu wenig Sachverstand und vorgegangen wird und dass das politische Handeln kaum den Willen der Wähler berücksichtigt. Viele Wähler verzweifeln an dieser Situation und werden zu Protest- oder Nichtwählern.

V. Vorschläge zur Verbesserung unserer Demokratie

1. Grundsätzliche Anforderungen an eine verbesserte Demokratie

Das A und O einer verbesserten Demokratie muss eine größtmögliche Transparenz sein. Diese wäre seitens der Parteien gegeben, wenn

- aus dem Namen einer Partei deren Grundsatz-Ziel(e) hervorginge(n),
- die Grundsätze und die Hauptziele an geeigneter Stelle explizit genannt würden (z. B. in der Homepage der Partei oder in den Wahlinformationen),
- der Personenkreis oder das Wirtschaftselement, das der Partei am meisten am Herzen liegt, genannt würde (z. B. auch auf der Homepage, besser in den Wahlinformationen).

Zur einfachen und umfassenden Information der Wähler sollten sich die Parteien auf ein gemeinsames Präsentationsschema im Internet einigen. Ein solches einheitliches Schema würde einen Vergleich der Parteien sehr erleichtern. Bezüglich der Inhalte innerhalb der einzelnen Punkte müssen die Parteien natürlich frei sein. In einer erheblich verkürzten Form wären auch die Grundsatzprogramme als Information geeignet.

Die Parteien sollten von Zeit zu Zeit eine Stellungnahme zur Lage der Nation abgeben, und zwar aus ihrer jeweiligen Partei-Sicht. Günstig wäre eine Stellungnahme zur Halbzeit einer Legislaturperiode und vor einer anstehenden Bundestagswahl.

Es muss sichergestellt werden, dass die Interessen einer Lobby nicht über das Allgemeinwohl gehen. Gegebenenfalls sollte ein parlamentarisches Gremium geschaffen werden, das eine Verletzung des Allgemeinwohls feststellt und Abhilfe einfordert.

2. Beseitigung von gewachsenen „Unsitten"

Polemik

Wenn die Politiker mit ihren Aussagen ernst genommen werden wollen, müssen sie ihre Äußerungen auch selbst ernst nehmen. Es sollten nur Forderungen und Kritiken vorgebracht werden, die auch bei näherer Prüfung sinnvoll und realistisch sind. Auch ablehnende Antworten auf diese Forderungen bzw. Kritiken sollten mit Sorgfalt und echter Argumentation gegeben werden. Es geht nicht an, dass eben mal schnell „aus der Hüfte heraus" ein Scheinargument abgefeuert wird in der Hoffnung, dass die Bürger den Unsinn schon nicht merken werden und dass die Presse die nicht stichhaltige Argumentation durchgehen lassen wird.

Man sollte bedenken, dass aus Polemik oft mit der Unterstellung von schlechten Absichten, mit bewusst falscher Gewichtung von Fakten, mit unrichtiger Darstellung von Zusammenhängen oder mit der Abqualifizierung von politischen Gegnern gearbeitet wird. Alle diese Dinge stellen in gewisser Weise Unwahrheiten dar, die dem Ansehen der Politiker bei den Bürgern schaden. Die Meinung, dass Polemik die „hohe Kunst" in der politischen Diskussion sei, ist völlig abwegig!

Aussitzen

Es ist weder höflich noch sachdienlich, wenn eine Partei oder die Regierung auf einen Hinweis oder eine Kritik einfach nicht reagiert. Eine kurze Antwort mit einer guten Argumentation kann vieles zurechtrücken, bevor es zu größeren atmosphärischen Störungen kommt. Auch bei einer Rückmeldung im Sinne von „Wir haben den Hinweis / die Kritik geprüft und für sachlich richtig befunden. Änderungen sind durchgeführt worden bzw. in Arbeit. Vielen Dank!" dürfte niemandem ein Zacken aus der Krone fallen.

Wahlslogans

Bitte, bitte, liebe Politiker, verschont uns Wähler künftig vor geistigen Großtaten wie „Für ein Deutschland, in dem wir gut und gerne leben" oder „Burkas? Wir stehen auf Bikinis!" Der Anteil an Hochbegabten unter der Wählerschaft mag zwar nicht allzu hoch sein, der an völlig Schwachsinnigen ist es aber auch nicht.

3. Parteien und Parteispenden

Die Regelung / das Gesetz, wonach größere Parteispenden offenzulegen sind, scheint nicht die erhoffte Wirkung in puncto Transparenz zu haben. Bis die Parteien ihre Jahresbilanz erstellt haben, interessiert sich niemand mehr für die Spenden im betreffenden Geschäftsjahr. Auch hat es in der Vergangenheit schon mehrfach Probleme mit „diskreten" Spenden gegeben. Um hier ein Optimum an Transparenz zu schaffen, könnte man ein Verfahren entwickeln, bei dem alle Spenden über eine zentrale Stelle laufen, die beispielsweise beim

Bundestagspräsidialamt angesiedelt ist. Diese Stelle registriert die Spenden und leitet diese nach einigen Arbeitstagen gebündelt an die Parteien weiter. Auf diese Weise ließen sich die Spenden an die Parteien zeitnah erfassen. Da aber auch dieses Verfahren noch Möglichkeiten der Umgehung zulässt, wäre es optimal, **alle Einzahlungen** an Parteien über diese Stelle laufen zu lassen.

Eine solche rigide Regelung hätte folgende Vorteile: Die Eingangsstelle könnte mit einer (von einer Fachfirma zu erstellenden) Datei arbeiten, aus der jederzeit ausgelesen werden kann, welche Partei zu welchem Zweck Zahlungen erhalten hat und könnte sicherstellen, dass

- Spender nicht durch Nutzung mehrerer Konten ihre Spenden kleiner erscheinen lassen bzw.
- Firmen oder Verbände nicht durch „Nutzung" mehrerer Personen Spenden aus einem Topf splitten.

Für die Parteien würde sich der Vorteil ergeben, dass ihre Einnahmen schon in der Eingangsstelle registriert wurden, und sie könnten die Daten mit minimalem Aufwand in ihre Jahresbilanzen einarbeiten.

Um die Unabhängigkeit der Parteien von ihren Spenden halbwegs sicherzustellen, scheint mir eine Obergrenze von 10–12 Prozent, bezogen auf die Jahreseinnahmen, erforderlich zu sein. Dies könnte auf zwei Wegen erreicht werden:

- durch Festlegung einer Obergrenze für Parteispenden (für natürliche wie juristische Personen) oder
- durch Schaffung von Konten für die Parteien beim Bundespräsidialamt, auf denen der Überlauf über die Obergrenze „geparkt" und in einem oder in mehreren Jahr(en) mit geringerem Spendenaufkommen von den Parteien wieder abgerufen werden kann.

Da sich bei der erstgenannten Vorgehensweise die Einnahmen mehrerer Parteien verringern würden, dürfte der zweite Vorschlag mehr Akzeptanz finden. Er hätte außerdem den Vorteil, dass die Spendeneinnahmen der Parteien gleichmäßiger anfallen würden und weniger Abhängigkeit vom Spendenvolumen bestünde.

Vor dem Hintergrund der Problematik einer Klientelpolitik muss man sich allerdings auch die Frage stellen, ob Parteispenden durch Firmen und Verbände überhaupt als zulässig zu betrachten sind. Schließlich sind Spenden ein Ausdruck des Wohlwollens des Spenders gegenüber der damit bedachten Partei. Es ist aber nie klar feststellbar, ob eine Spende ausschließlich auf dem Wohlwollen des Spenders oder (auch) auf einem Wohlverhalten („Entgegenkommen") der Partei basiert. **Ich möchte in keiner Weise Politiker und Lobbyisten unter den Generalverdacht der Korruption stellen, muss aber darauf hinweisen, dass die Gefahr, vom Lobbyismus in Korruption abzugleiten, enorm groß ist. Es wäre dem Ansehen unserer Demokratie sehr nützlich, wenn die Unabhängigkeit der Parteien von materiell ausgedrücktem Wohlwollen absolut zweifelsfrei sichergestellt wäre.** Als sicher unbedenklich können meines Erachtens Spenden von Privatpersonen in der steuerlich absetzbaren Höhe angesehen werden. **Eine Begrenzung von Privatspenden wäre auch unter dem Aspekt sinnvoll, dass man verdeckte Firmenspenden weitgehend ausschließen könnte.**

Da auch Firmen und Verbände nicht von der Möglichkeit ausgeschlossen werden sollten, wohltätig zu sein und dadurch zugleich imagewirksam zu agieren, könnten staatlicherseits längerfristige und gemeinnützige Projekte für Spenden geöffnet werden. Beispiele wären Infrastrukturmaßnahmen wie der Brückenbau oder der

Internetausbau oder die Sicherung von Wasserstraßen gegen Hoch- und Niedrigwasser.

Wie ich es im Kapitel IV angekündigt habe, möchte ich nun nochmals auf die SPD zurückkommen. Meines Erachtens hat es die SPD versäumt, sich im Bewusstsein der Wähler von einer Partei der breiten sozialen Fürsorge zu einer Partei der sozialen Gerechtigkeit weiterzuentwickeln. Die Betrachtung der sozialistischen Staaten im Zeitraum vom Kriegsende bis zum wirtschaftlichen Zusammenbruch der Sowjetunion zeigt klar, dass die damals praktizierte sozialistische Planwirtschaft nicht in der Lage war, betriebs- und volkswirtschaftlich erfolgreich zu wirtschaften. Man darf nicht vergessen, dass für ein erfolgreiches Wirtschaften unternehmerisches Denken und Handeln unverzichtbar ist. Die SPD sollte klarmachen, dass sie unternehmerisches Handeln akzeptiert (was sie de facto ja auch tut), nicht aber soziale Ungerechtigkeiten und/oder unverhältnismäßige Härten. Sie muss deutlich machen, das es nicht nur ein Recht auf Besitz gibt, sondern auch eine Verantwortung, die sich aus diesem Besitz ergibt, und dass man diese beiden Elemente in ein vernünftiges Gleichgewicht bringen muss. Nachdem die deutsche Wirtschaft weder unter Willy Brandt noch unter Gerhard Schröder zusammengebrochen ist, sollte klar geworden sein, dass die SPD kein sozialistisches Management für Firmen, sondern über das rein unternehmerische Denken hinaus eine Nutzung der erzielten Gewinne auch zur Vermeidung unangemessener Härten und Ungerechtigkeiten anstrebt. Die SPD muss meines Erachtens nach die Wähler überzeugen, dass sie nicht der totale Gegenpol zur CDU/CSU oder FDP ist, sondern auf der Basis unseres bestehenden Wirtschaftssystems dafür sorgen will, dass Bürger nicht ungerechtfertigt an den Rand des sozialen Systems gedrängt werden, während Menschen mit bereits üppigem Einkommen die Tore zu noch höherem Einkommen unbegrenzt offen gehalten werden. Wenn die SPD ferner Hauptziele definiert, die für unser Land (evtl. auch für andere Länder) wichtig sind, sollte sie wieder einen deutlicheren Zuspruch bei ihrer klassischen Klientel – Arbeiter und Angestellte – finden. Diese Hauptziele sind aber lebenswichtig! Es darf nicht der Eindruck erweckt werden, dass die Partei plan- und ziellos vor sich hindümpelt und sich schwerpunktmäßig mit sich selbst beschäftigt. Es wäre sicher gut, wenn hinter dem Tun der SPD eine Haltung deutlich sichtbar würde, die man in etwa wie folgt beschreiben kann: „Wir arbeiten für unser Land, unsere Demokratie und unsere Mitbürger und wollen soziale Ungerechtigkeiten und Härten vermeiden."

4. Kosten-Controlling

Lassen Sie uns nun die Ausgaben des Staates betrachten. Wie bereits im Kapitel II (Perspektive der Bürger) bemängelt wurde, müssen sich die Rechnungshöfe in den meisten Fällen mit einer Kosten-Nachkontrolle begnügen. Dies zeigt, dass von staatlichen Stellen bisher ein wichtiges Arbeitselement vernachlässigt wird, das in der Industrie längst unverzichtbar geworden ist: das Kosten-Controlling. Dies umfasst sowohl eine Betrachtung der laufenden Kosten (z. B. Personalkosten, Beurteilung der Effektivität von Organisationsstrukturen) wie auch eine Kontrolle von Investitionen, beginnend mit der Prüfung der Sinnhaftigkeit von Projekten, danach der Kostenschätzung, basierend auf Erfahrungswerten und auf Preisangaben aus dem Markt, der Überwachung der laufenden Projektkosten und schließlich einem Soll-Ist-Vergleich der Endkosten. Auch eine Beurteilung der Lieferanten und des „Funktionierens" der Investition gehört dazu. Dies gilt nicht nur für materielle Projekte, sondern auch für immaterielle, also für Beratungsleistungen. **Man darf bei Kostenbetrachtungen nie vergessen, dass zumindest bei Baumaßnahmen Fehler in der Planungsphase wesentlich günstiger zu beheben sind als während des Baus oder gar nach Bauende durch Nachbesserung.**

Der Hinweis auf die Nutzung des Kosten-Controllings soll kein Startschuss dafür sein, die Rechnungshöfe zu immenser Größe aufzublähen. Für viele Bereiche, wie z. B. den Bau von Gebäuden oder Straßen, liegen zahlreiche Projektakten vor, aus denen Kosten bzw. Kostenanteile entnommen werden können. Aus diesen lassen sich Inkremente entwickeln, mit denen unter Verwendung der Projektpläne Kosten abgeschätzt werden können. Aus den prozentualen Anteilen von Baukosten lässt sich zudem abschätzen, ob manche Aspekte in üblicher Weise oder zu stark bzw. zu schwach berücksichtigt wurden. Ein sehr triviales Beispiel hierfür ist die Anzahl von Sozialräumen in Bürogebäuden. Wenn die Rechnungshöfe für gängige Investitionen die benötigten Inkremente entwickeln und auflisten, können auch Planungsfirmen eine Kostenschätzung nach Rechnungshof-Vorgaben erstellen. Die Kontrolle und Aktualisierung der Inkremente wäre dann allerdings Sache der Rechnungshöfe. Auch für die Beurteilung der beim Bau eingesetzten Firmen und muss ein einheitliches Schema erstellt werden, um ein objektives Ergebnis sicherzustellen.

Da ein weitgehend flächendeckendes Kosten-Controlling nicht von einem Tag auf den anderen eingeführt werden kann, sollte man zunächst bei den großen Maßnahmen anfangen, die Rechnungshöfe projektbegleitend einzusetzen, und sie beauftragen, parallel Inkremente für Baumaßnahmen zu erstellen, die dann zur Kostenschätzung bei kleineren Maßnahmen von Planungsfirmen eingesetzt werden.

Militärisches Kosten-Controlling

Es mag sehr anmaßend erscheinen, wenn ich als Zivilist hier ein Unterkapitel zum militärischen Kosten-Controlling einfüge. Der Hintergrund ist einfach der, dass Probleme mit Investitionen auf dem Gebiet des Militärwesens in der Vergangenheit besonders auffällig waren. Oft haben Waffensysteme eine zu geringe Einsatzbereitschaft gezeigt, waren erst mit erheblicher Verspätung einsatzfähig oder lagen in den Endkosten sehr viel höher als geplant (vgl. Kap. II, 1; Erscheinungsbild der Demokratie). Derartige Abweichungen werden von den Bürgern oft als Zeichen mangelnder Kontrolle oder der Unfähigkeit der Politiker interpretiert. Dabei wird leicht übersehen, dass Waffen Hightech-Systeme sind, die oft technische Neuentwicklungen enthalten, bei denen man den Zeitbedarf für die Entwicklungsarbeit nicht exakt vorhersagen kann. In solchen Situationen ist es sehr wertvoll, wenn der Staat und/oder die Bundeswehr Ingenieure, also Fachleute, zur Seite hat, die Entwicklungsrisiken besser beurteilen können als Politiker und Militärs und die auch ein gewisses Gefühl dafür haben, ob eine Entwicklung (nahezu) risikolos durchgeführt werden kann oder ob auch ein Scheitern einkalkuliert werden muss. Unter Einbeziehung einer solchen Grundbetrachtung sollten dann, wie in der Industrie, Projektstufen mit Zeit- und Kostenbedarf definiert und konsequent überwacht werden. Falls erforderlich können auch „kritische Stufen" dabei sein, deren Nichterreichen zu einem Abbruch des Projekts führen. Auf jeden Fall muss vermieden werden, dass sich der Staat zu einem zu frühen Zeitpunkt zur Abnahme einer Anzahl von X Exemplaren eines neuen Waffensystems verpflichtet, da er ansonsten alle Verzögerungen, Kostensteigerungen und eventuell auch Mängel hinnehmen muss. Die kostenmäßig völlig aus dem Ruder gelaufene Generalüberholung des Segelschulschiffs Gorch

Fock ist ein warnendes Beispiel für ein nicht gründlich strukturiertes und überwachtes Projekt. Der Vollständigkeit halber muss ich auf die Möglichkeit hinweisen, dass sich mehrere Firmen für neue Entwicklungen zusammenschließen und dass der Staat (oder gar mehrere Staaten) einen Teil der Entwicklungskosten mit trägt. Auf jeden Fall müssen Verträge mit Waffensystemherstellern so abgeschlossen werden, dass bei einer termingetreuen und technisch zufriedenstellenden Abwicklung eines Projekts die Abnahme größer ist als bei Verspätungen und Mängeln. Es muss den Auftragnehmern klar sein, dass nur eine optimale Vertragserfüllung einen maximalen Gewinn bringt. Schließlich dürfen auch die Folgekosten wie Wartung und technische Updates nicht außer Acht gelassen werden.

5. Einbeziehung von Fachleuten

Im Kapitel IV habe ich ausgeführt, dass für Behörden und Ministerien die Hinzuziehung von Fachleuten zur Situationsbeurteilung und zu technischen Entscheidungen einerseits unverzichtbar, andererseits aber nicht problemlos ist. Was die Politik braucht, sind unter anderem Naturwissenschaftler, Ingenieure, IT Spezialisten und Logistiker mit praktischer Erfahrung, die in der Lage sind, Probleme objektiv und ohne Bevorzugung bestimmter Interessen anzugehen. Um mit einer hohen Wahrscheinlichkeit die „richtigen" Fachleute zu bekommen, sollten diese eine Mindesterfahrung von circa 15 Berufsjahren haben. Eine optimale Ressource wären die Vorruheständler aus der Industrie, da diese einerseits ein Maximum an Erfahrung haben, andererseits aber wenig Grund, parteiisch zu denken. Solchen Experten wäre sicherlich eine Beschäftigung für zwei bis vier Jahre oft angenehm. Man mag dies auf den ersten Blick anzweifeln, da ja ein Arbeitnehmer einfach nur seine Altersteilzeit nicht zu beantragen bräuchte, um länger arbeiten zu können. Es gibt jedoch auch Fälle, wo Firmen einen Mitarbeiterabbau betreiben oder wo ein älterer Mitarbeiter seine Arbeitszeit herunterfahren möchte, dies aber in der Position, die er innehat, nicht möglich ist. Da nach geltender Rechtslage Altersteilzeitlern in der passiven Phase eine Tätigkeit verwehrt ist, müsste man eine gesetzliche Regelung schaffen, nach der die Aufnahme einer Tätigkeit beim Staat zumindest in Teilzeit möglich wäre. Man sollte aber streng vermeiden, ältere aktive Mitarbeiter aus der Industrie zum Staat abzuwerben. Am besten wäre es, wenn sich die Vorruheständler frühestens etwa drei Monate nach Beginn der passiven Phase der Altersteilzeit beim Staat bewerben könnten.

6. Vernetzung von Behörden – Datenschutz

Bei der Bekämpfung der organisierten Kriminalität und des Terrorismus ist eine Vernetzung der zuständigen Behörden unverzichtbar. Dies gilt innerhalb Deutschlands wie auch in der EU. Hier scheint Nachholbedarf zu bestehen. Es ist nicht akzeptabel, wenn Kriminelle oder Terroristen besser vernetzt sind als die Behörden. Naturgemäß ist die Vernetzung von Behörden nicht immer mit den Zielen des Datenschutzes vereinbar. Der Datenschutz darf aber nicht bei der Erfüllung berechtigter hoheitlicher Aufgaben zum Sand im Getriebe der Behörden werden. Meines Erachtens kommt man um ein Vorgehen nach dem Motto „So viel Vernetzung wie nötig" nicht herum. Es wäre hilfreich, wenn dies in der ganzen EU so gesehen würde.

Im Gegensatz zu den Behörden scheint die Industrie erheblich weniger im Fokus der Datenschützer zu stehen. Es ist erstaunlich, wie viele Daten von der Industrie von den Bürgen abgegriffen werden, ohne dass man Proteste der Datenschützer vernimmt. Vordergründig dienen die von der Industrie erhobenen Daten zur Ermittlung des Konsumverhaltens und zur Optimierung von Produkt- und Unterhaltungsangeboten. Wenn man aber dazu übergeht, komplette Konsum-Datensätze für einzelne Personen zu erstellen und diese nach psychologischen Gesetzmäßigkeiten auszuwerten, dürfte es möglich sein, ziemlich tief in die Persönlichkeitsstruktur eines Einzelnen Einblick zu nehmen. Man kommt dann in Bereiche, die sogar geheimdienstlich genutzt werden könnten. Da sich die großen IT-Firmen ohne Probleme mit den industriellen Datenerhebern vernetzen können, liegt die Erstellung umfassender persönlicher Datensätze bereits heute im Bereich des Möglichen. **Die Datenschützer wären gut beraten, wenn sie sich die industrielle Datennutzung und die Möglichkeiten ihrer Auswertung oder gar ihres Missbrauchs gründlicher anschauen und sie nötigenfalls eingrenzen würden.**

7. Elemente des Qualitätsmanagements bei Parteien und Ministerien

Wie bereits erwähnt, wäre es vorteilhaft, in den Parteien und Ministerien Arbeitstechniken einzuführen, wie sie im Qualitätsmanagement üblich sind. Dies soll nicht heißen, dass sich die Parteien und Ministerien QM-Zertifizierungen unterwerfen sollen, sondern nur, dass man sich mit einer Qualitätsnorm, beispielsweise der EN ISO 9000 oder der EN ISO 9001, vertraut macht und prüft, welche

Elemente daraus für die betreffende Organisation (Partei, Ministerium) nützlich sein könnten. Dabei könnten die Zertifizierungsorganisationen sicher behilflich sein. Man bräuchte aber keine riesige Beratungsaktion zu veranlassen, sondern könnte sich mit der Erstellung einer Liste der zutreffenden Elemente begnügen. Die nächsten Schritte wären dann die Ergänzung der Organisationsschemata um Ablaufschemata (Darstellung von Arbeitsabläufen mit Tätigkeits- und Entscheidungsfeldern). Bei der Erstellung der Ablaufschemata mag man sich anfangs etwas schwer tun, man bekommt aber rasch Übung. Die Gesamtheit der Ablaufschemata, ergänzt mit deren Zweck, den Zuständigkeiten hinsichtlich Anordnung und Ausführung, den Verantwortlichkeiten und den Kontrollverfahren verschafft eine hervorragende Übersicht über das, was in einer Organisation vorgeht. So unmenschlich und bürokratisch das Ganze auf den ersten Blick wirkt – am Ende hat es den Vorteil, dass man nach Pannen in den Abläufen meistens das **Suchen nach Schuldigen durch das Suchen nach organisatorischen Fehlern ersetzen kann, was den Stress für die Mitarbeiter deutlich reduziert.** Die Arbeitsabläufe funktionieren nach zwei bis drei Verbesserungszyklen meist sehr gut, sodass dann der weitere Verbesserungsaufwand minimal ist. Als Vorteile bietet die Einführung der QM-Systematik schließlich:

- klare Abläufe
- eindeutige Zuständigkeiten
- Regelung der Verantwortlichkeiten
- definierte Schnittstellen (sehr wichtig bei der Zusammenarbeit verschiedener Behörden!)
- zahlreiche Entscheidungshilfen; auch die Bedeutung von Entscheidungen wird ersichtlich
- eine hervorragende Übersicht, wenn neue Abläufe eingearbeitet werden müssen

Das Einzige, was man schließlich noch zum Erfolg braucht, ist eine Stelle, an die man gefundene Fehler oder Schwachstellen in den Ablaufschemata melden kann und die dann in Zusammenarbeit mit Fachleuten für die nötigen Korrekturen und Verbesserungen sorgt.

8. Wahlen und Regierungsbildung

Wahlprogramme

Wie bereits festgestellt sind die Wahlprogramme (für Bundestagswahlen) bisher wegen ihres Umfangs für die Wähler nur schwer verständlich, die Wahlslogans oft nicht sinnhaltig. Auch die EU ist in den Wahlprogrammen nicht immer so recht eingebunden. Um diese Mängel abzuschaffen, sollten Kurz-Wahlprogramme eingeführt werden, die Folgendes enthalten:

- Hinweise auf das grundsätzliche Wollen der Partei (z. B. starke Industrie, Handwerk und Freiberufler, soziale Gerechtigkeit, freie Entfaltung der Persönlichkeit) und die Klientel (z. B. Handwerk, Freiberufler, mittelständige Unternehmer, Angestellte, Industrie).
- Eine kurze Auflistung, in welchen Punkten die Partei den dringendsten **Verbesserungsbedarf** sieht.
- Eine knappe Aufzählung der Aktivitäten, die der Partei für die nächste Wahlperiode wichtig sind. In der derzeitigen politischen Lage würde ich die folgenden Themen vorschlagen, die im Wesentlichen ja auch bereits verwendet werden:

Arbeit/Soziales
Ausbildung/Forschung
Digitalisierung
Energie
Ernährung/Landwirtschaft
Europa
Familie/Jugend/Wohnen
Gesundheit/Pflege
Integration/Inklusion/Gleichberechtigung (Geschlechter)
Kultur/Sport
Rente
Sicherheit (innere Sicherheit, Militärwesen)
Steuern/Finanzen
Umwelt/Klimaschutz
Verkehrswesen
Wirtschaft

Für jede Wahlperiode könnten die Parteien in Absprache untereinander eine neue Liste an Themen erstellen. Um den Umfang der
Auflistung zu begrenzen, sollten für jedes Thema nur 4 oder 5
Unterpunkte zugelassen sein, wobei ein Unterpunkt höchstens ein
bis zwei Zeilen haben sollte. Wenn eine Partei zu einem Thema
weniger als die zugelassene Anzahl an Unterpunkten nutzt, kann sie
dafür bei einem anderen Thema mehr Unterpunkte anführen. Für
die obige Liste wären also bei 4 Unterpunkten pro Thema insgesamt 56 Unterpunkte zulässig (14 Themen mit insgesamt 56 Unterpunkten). Eine volle Ausschöpfung der Anzahl an Unterpunkten ist
nicht erforderlich. Die oben formal angeführten Inhalte könnte jede
Partei auf zwei bis vier DIN-A4-Seiten zusammenfassen, sodass
der Wähler eine brauchbare Übersicht für jede Partei hätte.

Wenn die Parteien darüber hinaus das Bedürfnis haben, auch ein Wahlprogramm im bisherigen Stil zu formulieren, können sie das natürlich tun, sollten aber bedenken, dass die „Langversionen" bei den Wählern nicht allzu viel Beachtung finden werden.

Kandidaten-Abwahl

Wie in Kapitel IV beschrieben gibt es bisher in unserer Demokratie für die Wähler keine Möglichkeit, einen unbeliebten Kandidaten abzuwählen. Dies ist nach meiner Kenntnis auch in anderen Demokratien so, sollte aber in unserem Land kein dauerhaftes Hindernis für die Einführung einer Abwahlmöglichkeit darstellen. Natürlich sollte dieser Vorgang auf solche Kandidaten beschränkt werden, die sich dafür „gründlich qualifiziert" haben. Ich muss gestehen, dass ich über diesen Punkt längere Zeit nachdenken musste, um eine praktikable Lösung zu finden, die ich im Folgenden für eine Bundestagswahl darstellen möchte. Man könnte bei der Zweitstimme, bei der bisher nur ein Kreuz für eine Partei gemacht werden kann, zwei Zusatzfelder einführen. Das erste Zusatzfeld fragt ab, ob man für eine Abwahl votieren möchte, sodass hier „Ja" oder „Nein" anzukreuzen ist. Im zweiten Feld könnte aus der Liste der Spitzenkandidaten der betreffenden Partei die Nummer des Kandidaten eingetragen werden, den man abzuwählen wünscht. Um hier einem Missbrauch vorzubeugen und um bizarre Situationen zu vermeiden, sollten folgende Regeln gelten:

- Ein Abwahlvotum kann **nur für <u>einen</u> Kandidaten <u>der</u> Partei abgegeben werden, der man die Zweitstimme gegeben hat**. Wer keine Zweitstimme abgegeben hat, kann auch niemanden abwählen.

- Der/die Parteivorsitzende und der Kanzlerkandidat/die Kanzlerkandidatin können nicht abgewählt werden.
- Als Abwahlkriterium sollte gelten, dass abgewählt ist, wer die **meisten Abwahlstimmen** einer Partei erhalten hat **und dabei einen bestimmten Grenzwert** (beispielsweise 10 Prozent, bezogen auf die Zweitstimmen der Partei) **überschreitet. Die Abwahl würde sich also auf maximal einen Kandidaten pro Partei beschränken.**
- Wenn eine Partei eine Fraktionsgemeinschaft mit einer anderen Partei hat, sollten auch Kandidaten der Schwesterpartei abgewählt werden können.

Die Vorabfrage, ob man einen Politiker abwählen möchte oder nicht, dient der Sicherung gegen nachträgliche Manipulation der Wahlzettel (z. B. durch Eintragung einer Kandidaten-Nummer).

Koalitionen

Wenn nach Wahlen eine Koalitionsbildung erforderlich ist, müssen die beteiligten Parteien dafür sorgen, dass ihr grundsätzliches Wollen und ihre dringlichsten Themen (siehe oben: Verbesserungsbedarf deutlich sichtbar in die Koalitionsvereinbarung Eingang finden.

Der Koalitionsvertrag sollte so ins Internet gestellt werden, dass zu jedem Punkt die Partei, die den Punkt in die Koalitionsverhandlung eingebracht hat, angegeben wird (z. B. SPD). Wenn beide Parteien einen Punkt eingebracht haben, reicht die Angabe „Beide" oder „Alle". Wenn es gelingt, das Ganze in Tabellenform darzustellen, könnte man auch gleich eine Spalte vorsehen, aus der ersichtlich ist, ob der betreffende Punkt schon abgearbeitet ist oder bis wann dies voraussichtlich der Fall sein wird (soweit absehbar).

9. Einkommen, Renten

Deutschland gilt als wohlhabendes Land und viele Politiker und Journalisten scheinen dies auch so zu sehen. Im Gegensatz dazu gibt es viele Rentner, die ohne lange berufliche Ausfallzeiten oder Fehlverhalten mit ihrer Rente nicht auskommen. Dieser Mangel muss beseitigt werden, denn die soziale Qualität eines Staates kann nicht am Wohlergehen seiner Oberklasse abgelesen werden. Selbst in den ärmsten und marodesten Staaten gibt es eine Oberschicht, der es materiell ausgezeichnet geht.

Ein erster Schritt zu einer Korrektur wurde mit der Einführung einer Mindestrente in Angriff genommen. Ob dieses Instrument aber für eine nachhaltige Verbesserung sorgen wird, bleibt abzuwarten. Auf jeden Fall wurden bei den Verhandlungen, was im Prinzip richtig ist, die Kosten für den Staat sorgfältig betrachtet. Nun stellt sich aber die Frage: Wie kann es sein, dass Menschen, die ihr Leben lang gearbeitet haben, am Ende keine ausreichende Rente haben? Dies liegt daran, dass es Einkommensgruppen gibt, bei denen die Rente mit den üblichen knapp 50 Prozent des letzten Einkommens deutlich unter 1000 Euro/Monat liegt. Das heißt, dass die den niedrigen Einkommen entsprechenden Renteneinzahlungen für eine auskömmliche Mindestrente nicht ausreichen. Da die Betroffenen während des Arbeitslebens in der Regel mit ihrem Einkommen zurechtkommen, müssen die Renteneinzahlungen der geringer Verdienenden prozentual höher angesetzt werden, wobei dies zulasten der Arbeitgeber gehen muss, denn höhere Renteneinzahlungen können die wenig Verdienenden kaum leisten. Auch für eine zusätzliche private Rente reichen die niedrigen Einkommen nicht aus. **Eine permanente indirekte Subventionierung von Unternehmen durch den Staat über Sozialleistungen (Rentenzuzahlungen) ist jedenfalls nicht akzeptabel.**

Lassen Sie uns nun die hohen Einkommen betrachten. Dabei lege ich zunächst großen Wert auf die Feststellung, dass ich mich nicht zu denen zähle, die eine permanente Klage darüber anstimmen, dass „die da oben ja eh viel zu viel haben". Anders ausgedrückt: Solange die sozial Schwächeren, wenn sie stetig und nach ihren Kräften und bestem Wissen arbeiten, eine sichere materielle Existenz haben (auch in der Rente!), ist mir das Einkommen von Höchstverdienern völlig egal. Da es aber in unserem „reichen Land" offensichtlich doch hier und dort Defizite gibt, erscheint mir eine Betrachtung der hohen Einkommen unvermeidlich. Spätestens bei Jahreseinkommen von über 10 Mio. Euro befindet man sich in einem Bereich, der selbst für jemanden, der um die 500.000 Euro pro Jahr verdient (also schon ein herausragend gutes Einkommen hat), nicht mehr nachvollziehbar ist. Unsinnigerweise wird in der Presse eine solche Einkommenshöhe gern mit dem Kommentar versehen, dass in den USA die Vorstandseinkommen ja noch höher sind. Hier frage ich mich, ob das der Ausdruck einer devoten Haltung gegenüber den Höchstverdienern ist oder der Ausdruck einer Unkenntnis, die übersieht, dass die USA ein viel mehr geldorientiertes Land sind als unseres bzw. die EU. Zurück zur Sache: Man hat oft den Eindruck, dass es bei der Festlegung der Honorare von Vorständen und insbesondere Vorstandsvorsitzenden nicht mehr um einen materiellen Komfort geht, sondern nur noch um das mit diesem Posten verbundene Prestige, das bei diesen Personen einen Hinweis auf ihre außerordentlichen

Fähigkeiten geben soll und bei den Firmen einen Hinweis darauf, dass sie sich einen so teuren Vorstand leisten können. Da ich annehme, dass nun konkrete Angaben dazu erwartet werden, welche Höchstbeträge nach meiner Einschätzung derzeit für Vorstandsbezüge angemessen wären, hier mein Vorschlag: Vorstände <= 2 Mio. Euro/Jahr; Vorstandsvorsitzende: <= 4 Mio. Euro/Jahr.

Natürlich gibt es nicht nur gut verdienende Vorstände, sondern auch Unternehmer. Wenn ein Unternehmer auch der Gründer seiner Firma ist, sehe ich keinen Grund für eine Einkommensbegrenzung, da dem hohen Einkommen ja auch eine hervorragende Geschäftsidee zugrundeliegt, die der Unternehmer irgendwann gehabt haben muss. Ein ewiger Zankapfel ist aber die Erbschaftssteuer für Unternehmen, bei der immer wieder beklagt wird, dass durch diese im Erbfall der Fortbestand eines Unternehmens bedroht ist. Es besteht also immer die Gefahr, dass Firmen durch Vererbung gefährdet sind oder dass zur Vermeidung dieser Gefahr große Erbschaften zu gering besteuert werden. Zur Lösung dieses Problems schlage ich das folgende Vorgehen vor: Der Erbe legt einen Vermögensanteil aus der Firma fest, den er als Erbe aus der Firma nimmt und versteuert. Dass er dabei die Existenz der Firma nicht gefährdet oder diese gar ruiniert, muss behördlicherseits geprüft werden. Auf das restliche Vermögen der Firma darf er nicht zugreifen und er bezieht für die Leitung der Firma ein Einkommen, das dem eines Geschäftsführers vergleichbar ist. Die vererbte Firma würde dann den Status einer Art GmbH bekommen, sodass der Erbe im Falle einer (unverschuldeten) Insolvenz nicht mit seinem persönlichen Vermögen zu haften bräuchte. Wenn dieser Erbe später oder wenn ein späterer Erbe die Firma verkaufen möchte, kann er dies tun, muss aber den gesamten Erlös versteuern. Auch eine weitere Vermögensentnahme könnte mit staatlicher Kontrolle und Versteuerung möglich gemacht werden. Alternativ zur GmbH könnte die vererbte Firma auch in eine AG umgewandelt werden. Der oder die Erben würden dann „Erbaktien" erhalten, die beim Verkauf im Sinne der Erbschaft versteuert werden müssten.

10. Zuordnung von Kosten

Wenn die Polizei bei Großveranstaltungen Sondereinsätze hat, um die Sicherheit im Straßenverkehr sicherzustellen, so ist das meiner Ansicht nach in Ordnung. Es scheint aber aus der Gewohnheit heraus niemand daran Anstoß zu nehmen, dass im Fußball bei sogenannten Hochrisikospielen die Polizei von weit her Kräfte zusammenziehen muss, um zu verhindern, dass „verfeindete" Fangruppen prügelnd übereinander herfallen. Dies ist erstens verboten und zweitens verursachen die Sicherungsmaßnahmen enorme Kosten, die bislang der Steuerzahler tragen muss. Da diese Kosten durch eine Minderheit mutwillig verursacht werden, muss man dafür sorgen, dass die Störer umgehend aus dem Verkehr gezogen und später zur (Kosten-)Verantwortung herangezogen werden. Es ist der Achtung vor dem Rechtsstaat nicht dienlich, wenn man diesen radikalen Fußballfans den Freiraum eines Bürgerkriegsszenarios gewährt. Natürlich kann das Übel der Gewalt im Umfeld von Fußballspielen nicht allein von der Politik beseitigt werden, aber es sollte doch möglich sein, dass eine Allianz aus Politik, Fußball-Managern und Spezialisten der Polizei Abhilfe schaffen kann. Wie die Überschrift schon besagt: Zuordnung der Kosten ist die Lösung! Notfalls muss es eben Sicherheitsaufschläge für die Karten für Hochrisikospiele geben oder die entsprechenden Partien müssen nach Ausschreitungen in der folgenden Saison ohne Zuschauer stattfinden.

Zur Verursachung von Kosten, die der Allgemeinheit zur Last fallen, bedarf es aber nicht nur gewalttätiger Zeitgenossen. Manchmal sind die Verursacher auch einfach Geschäftsleute, die ohne böse Absicht und nach betriebswirtschaftlichen Regeln arbeiten. Wie in Kapitel IV beschrieben können umfangreiche und häufige Sanierungen im Wohnungsbestand einer Stadt die Anschaffungs- oder Mietkosten von Wohnungen derart erhöhen, dass sich nur noch Menschen mit höherem Einkommen die sanierten Wohnungen leisten können. Es macht nach meiner Einschätzung nicht viel Sinn, in einer solchen Situation mit sozialem Wohnungsbau dagegenzuhalten, da hierfür Steuergelder eingesetzt werden müssen, sodass am Ende Gewinn (aus Sanierungen) und Kosten (für Sozialwohnungen) säuberlich getrennt sind – zulasten der Steuerzahler. Besser wäre es hier, wenn Wohnungen, die nach einer Sanierung über eine zu definierende Grenze hinaus teurer werden, mit einer Teuerungsabgabe belegt würden, deren Erlös den Bau neuer und für den kleineren Geldbeutel bezahlbarer Wohnungen ermöglicht. Ich kann mir durchaus vorstellen, dass bei sehr aufwendig renovierten Wohnungen („Luxussanierungen") die Teuerungsabgabe 50 Prozent des Kaufpreises übersteigen könnte.

Der langen Rede kurzer Sinn: Wenn irgendetwas auffällig teurer oder knapper wird, sollte die Regierung mit Unterstützung von Fachleuten prüfen, was die Ursache dafür ist und diese Ursache, sofern es sich dabei nicht um höhere Gewalt handelt, mit Abgaben belegen. Kosten müssen verursachergerecht abgerechnet werden!

Wem diese Forderung als zu radikal erscheint, der möge doch bitte einmal untersuchen, bei wie vielen Waren deren Vorstufen (Zwischenprodukte) in der Welt herumtransportiert werden, bis das Produkt – nach vielen tausend Kilometern – fertig ist. Man kann zwar so Lohn- und Lagerkosten minimieren, die Belastung beispielsweise der Umwelt und der Autobahnen aber wird maximiert, die daraus resultierenden Schäden sind erheblich und die Kosten werden dem Steuerzahler aufgebürdet.

11. Parteinahe Stiftungen

Dafür, dass die parteinahen Stiftungen 2017 Einnahmen in Höhe von ca. 580 Mio. Euro hatten, hört und sieht man von ihnen im Alltag viel zu wenig (vgl. Kapitel V). Da die internationale Zusammenarbeit der Stiftungen überwiegend im Auftrag oder in engem Zusammenwirken mit mehreren Ministerien erfolgt, scheint es mir sinnvoll zu sein, die internationalen Aktivitäten zu **einem** Institut zusammenzuführen (z. B. „Deutsches Institut für internationale Kontakte, wirtschaftliche Zusammenarbeit und Entwicklungshilfe"). Die parteinahen Stiftungen könnten sich dann mehr auf Aufgaben im Inland konzentrieren. Neben der Vergabe von Stipendien und Aktivitäten zur politischen Bildung könnten sich die Stiftungen auch als „Denkfabriken" verstehen, die die politische und gesellschaftliche Lage analysieren und mit den Ergebnissen den korrespondierenden Parteien zuarbeiten. Dies könnte auch in Zusammenarbeit mit Hochschulinstituten geschehen, sodass sich eine Verzahnung von Lehre und politischer Praxis ergäbe. Sehr nutzbringend wäre auch ein öffentlich sichtbarer Austausch der Stiftungen untereinander hinsichtlich der Beurteilung politischer und gesellschaftlicher Fakten. Dabei würde sich die Gelegenheit bieten, in Radio, Fernsehen und Presse regelmäßig in Erscheinung zu treten.

Ein völlig neuer Aspekt für die Stiftungen wäre die **Sammlung von Meinungen aus der Bevölkerung** und eventuell auch eine „Demonstrationshilfe" für die schweigende oder besser stimmlose Mehrheit. Die Stiftungen könnten Vorschläge aus der Bevölkerung sammeln und auf diese Weise ermitteln, welche Themen den Bürgern am Herzen liegen und was in seiner Bedeutung und Dringlichkeit „demonstrationswürdig" ist. Wenn die Stiftungen organisatorische Vorarbeiten leisten und dann die Bürger aufgefordert würden, selbst Beiträge beizusteuern, könnten Demonstrationen auf die Beine gestellt werden, die aus der Sicht der nicht organisierten Bürger nötig und sinnvoll sind. Dieser Vorschlag soll nicht der Erzeugung permanenter Unruhen oder Verkehrsstörungen dienen, sondern dazu, der schweigenden Mehrheit endlich eine Stimme zu geben und eine konstruktive Demonstrationskultur für alle zu schaffen. Die Stiftungen wären auch deshalb sehr geeignete Helfer, weil sie eine eigene politische Meinung vertreten und (Demonstrations-)Themen, die ihnen fern sind, nicht unterstützen müssten. Nach Abtrennung der internationalen Zusammenarbeit und eventuell Aufnahme der oben genannten Aktivitäten sollten die Etats der Stiftungen auf einem Niveau gehalten werden können, das deutlich unter dem der korrespondierenden Parteien liegt.

12. Journalismus

Der Journalismus sollte sich insgesamt kritischer zeigen und mehr auf die Ursachen oder auch Folgen dessen schauen, was geschieht – oder auch nicht geschieht, obwohl es geschehen sollte. Auch sollte er die Probleme im Auge behalten, die zwar keine großen Schlagzeilen mehr machen, aber weiter vor sich hin schwelen. Ganz besonders sollte er sich aber bemühen, die leidigen politischen Klassiker Polemik, Aussitzen und Halbwahrheiten aufzuspüren und deutlich zu kritisieren. Die Bürger müssen sehen, dass Politik ein ganz konkretes Tätigkeitsfeld ist, das weder Ungenauigkeiten noch Abkürzungen verträgt, auf dem aber auch Fehler vorkommen können, bei deren Aufarbeitung niemand den Anschein erwecken darf, unfehlbar zu sein.

Es würde dem Journalismus in unserem Lande gut zu Gesicht stehen, wenn er von Zeit zu Zeit Elemente unseres politischen, wirtschaftlichen und gesellschaftlichen Systems auf den Prüfstand stellen würde und diese dabei, soweit es machbar ist, mit „fremden Augen" betrachten würde. So hätte auch ein Buch wie das vorliegende unter der Federführung eines Journalisten geschrieben werden können.

Abschließend noch eine Anmerkung: Wie wäre es, wenn die Tageszeitungen routinemäßig auf geplante Demonstrationen hinweisen würden (mit Thema, Veranstalter und, falls möglich, mit Hinweisen auf Erläuterungen des Veranstalters im Internet), damit die „schweigende Mehrheit" eine Chance erhält, wenigstens mitlaufen zu können, wenn ihr das Thema am Herzen liegt?

13. Religionsgemeinschaften

Wenn wir in unserem Lande an Religionsgemeinschaften denken, dann zunächst an die römisch-katholische Kirche und an die evangelische Kirche in Deutschland (EKD). Ich möchte hier ein paar Gedanken zu diesen beiden großen Religionsgemeinschaften in den Raum stellen. Beide Kirchen sind über ihre geistlichen Aufgaben hinaus mit vielen wohltägigen und humanitären Organisationen aktiv

(Caritas, Diakonie, Brot für die Welt und viele andere mehr). Bedauerlicherweise scheint es so zu sein, dass im Bewusstsein der Bürger nicht automatisch ein Zusammenhang zwischen diesen wohltätigen Organisationen und den Kirchen hergestellt wird. Dies führt dazu, dass einerseits die wohltätigen Einrichtungen mit Dankbarkeit und Achtung betrachtet werden, die Kirchen aber mehr das Image haben, ohne große Wechselwirkung mit dem gesellschaftlichen Geschehen das Kirchenjahr abzuarbeiten, Veränderungen außerhalb nicht recht wahrzunehmen und Veränderungen im Inneren abzulehnen. Wir haben nun in unserem Land zwar eine institutionelle Trennung von Staat und Kirche, aber auch das Recht der freien Meinungsäußerung, das nach meinem Wissen auch für Religionsgemeinschaften gilt. Es könnte dem Ansehen der Kirchen durchaus dienlich sein, wenn sie in höherem Maße als bisher zu politischen und gesellschaftlichen Themen ihre Meinung kundtun würden (ablehnend wie zustimmend). Vielleicht würde dies auch dem zunehmenden religiösen Desinteresse in unserer Gesellschaft entgegenwirken.

Noch ein Hinweis an die Politiker: Artikel 140 des Grundgesetzes, der die Artikel 136–139 sowie 141 der Weimarer Verfassung übernimmt, beschreibt schwerpunktmäßig das Recht auf Religionsausübung und den Schutz von Religionsgemeinschaften. Das Prinzip der Säkularisierung wird nur im Artikel 137 sehr knapp genannt: „Es besteht keine Staatskirche." Es gibt jedoch weltweit mehrere Länder, die keine Säkularisation erfahren haben und in denen die Einflussnahme auf die Gesetzgebung und die Politik durch eine Religion üblich ist. Meines Erachtens sollte im Grundgesetz klar formuliert werden, dass religiöse Einflussnahmen auf die Gesetzgebung und auf die Politik mit dem Grundgesetz nicht im Einklang stehen. Man hätte damit eine klare Grundlage, um Religionsgemeinschaften, die solche Einflussnahmen anstreben, nicht zuzulassen bzw. zu verbieten.

14. Europa

Wenn sich die einzelnen Staaten und ihre Bürger in der EU wohlfühlen sollen, müssen sie das sichere Gefühl haben, dass sie mit ihren Eigenarten und ihren Interessen akzeptiert werden. Dies setzt voraus, dass man nicht versucht, alle Länder einem zentralistischen Europa zu unterwerfen. Ein solches EU-Konstrukt würde die Abspaltungstendenzen in den einzelnen Staaten maximieren. Diese Erkenntnis ist nicht neu, sondern schon mehrfach von angesehenen Politikern, darunter dem früheren Bundespräsidenten Roman Herzog, geäußert worden. Da es mir aber darum geht, Verbesserungsvorschläge zu unterbreiten, will ich unsere Politiker an diesen wichtigen Aspekt erinnern, damit sie sich in der EU für die Devise einsetzen: So viele nationale Eigenheiten, wie für das Wohlbefinden der Einzelstaaten erforderlich, aber so viele Gemeinsamkeiten, wie für eine funktionierende EU nötig.

15. Wähler

Liebe Mitbürger, zum Abschluss noch ein paar Bitten an Sie:
- Prüfen Sie, für wen sich die Parteien zuständig fühlen – nicht nur den Worten nach, sondern auch gemessen an ihren Taten!
- Gehen Sie zur Wahl und wählen Sie eine Partei, die eine gute und ehrliche Arbeit leistet und die eine realistische Politik in Aussicht stellt.
- Verlangen Sie von den Politikern Transparenz, systematisches Vorgehen und die Nutzung fachlicher Expertise.
- Prüfen Sie, ob Kosten kontrolliert und verursachergerecht zugeordnet werden.

- Zeigen Sie, dass Sie nicht nur eine Meinung, sondern auch eine Stimme haben und erheben Sie diese, wenn es nötig ist.
- Lassen Sie sich nicht von Slogans blenden oder einlullen. Prüfen Sie, ob die, die reden oder schreiben, auch in der Sache etwas mitzuteilen haben.
- Fallen Sie nicht auf Verschwörungs-Theorien oder Verschwörungs-Mythen herein! Viele, die uns mit solchem Unsinn belästigen, haben selbst keine Ahnung und wollen sich nur mit irgendwelchen Hirngespinsten wichtigmachen. In schlimmeren Fällen haben solche Leute vor, falsche Meinungen zu erzeugen und so den inneren Frieden zu untergraben. Nicht jeder, der sich im Internet zu Wort meldet und einen Titel vor seinem Namen trägt, ist wirklich ein Fachmann bzw. eine Fachfrau.
- Bedenken Sie, dass die Bevölkerung und unser Gemeinwesen nicht nur Wohlstand und Sicherheit brauchen, sondern auch ein Zusammengehörigkeitsgefühl, damit wir uns für unser Land engagieren können und wollen. Helfen Sie mit, dieses Gefühl aufzubauen und zu erhalten, indem Sie den Mitbürgern, den Politikern und den staatlichen Organen Achtung entgegenbringen, im Bedarfsfall aber auch Ihre Meinung und Kritik freimütig äußern!

Teilweise induziert durch die Flüchtlingswelle aus dem Nahen Osten fühlen sich viele Bürger zur rechten Szene hingezogen. Sie haben vielleicht den Eindruck, dass in der Nähe des Nationalsozialismus oder gar im Nationalsozialismus selbst mehr „Zucht und Ordnung" herrscht als in unserer Demokratie und dass dort alles besser funktioniert. Dabei wird aber übersehen, dass der Nationalsozialismus 1933 zwar mit klaren, aber äußerst kriminellen (zunächst unausgesprochenen) Zielen angetreten war, die dann zügig abgearbeitet wurden:

- Hervorhebung der „arischen Rasse", die per definitionem den anderen Menschen überlegen sein sollte
- Schaffung einer eigenen Truppe im Staat (SS), die als Instrument zur Kontrolle und Unterdrückung der Bevölkerung diente
- Vorbereitung und Durchführung eines Angriffskrieges gegen benachbarte Staaten mit dem Fernziel einer Weltherrschaft
- Vernichtung der Juden und unliebsamer Minderheiten

Protestwähler mögen bitte darüber nachdenken, zu welcher Katastrophe der Nationalsozialismus in Deutschland und in vielen anderen Ländern geführt hat. Ein Wahlverhalten, das geeignet ist, dem Nationalsozialismus in unserem Lande gewissermaßen eine „zweite Chance" zu geben, ist mehr als unverantwortlich. Die harte Arbeit deutscher Politiker nach dem Zweiten Weltkrieg und die Bemühungen wohlwollender Politiker im Ausland haben dazu geführt, dass man uns vergeben hat. Wenn wir aber noch einmal eine solche Katastrophe zulassen, werden wir nicht mehr das Volk der Dichter und Denker, der Wissenschaftler, der Ingenieure und Erfinder, sondern das Volk der Mörder und Schlächter sein!

16. Wie könnte die Zukunft aussehen?

Wenn Sie, liebe Leser, sich die Inhalte dieses Buches vor Augen führen, wird Ihnen vielleicht auffallen, dass einerseits die mangelnde Möglichkeit der Wähler zur Einflussnahme auf die Politik beklagt wurde, andererseits aber kaum ein Vorschlag macht wurde, wie dies in der Praxis geschehen könnte. Dies bedeutet nicht, dass ich diesen Aspekt aus den Augen verloren hätte. Ich sehe aber derzeit (noch) keinen kurzfristig gangbaren Weg zu einem deutlich besseren Zustand. Eine **Utopie** kann ich aber liefern: die „modulare Wahl". Wenn man sich die verschiedenen Ministerien anschaut, die in unserer Regierung vonnöten sind, so könnte jede Partei für die einzelnen Ministerien Pläne für die anstehende Legislaturperiode entwerfen. Die Wähler müssten dann bei der Wahl für jedes Ministerium einzeln darüber abstimmen, welche Partei das aus ihrer Sicht beste Programm anbietet. Falls keine Partei mehr als 50 Prozent der Stimmen für ein Ministerium erhält, müssten dann Ministeriums-Koalitionen geschlossen werden.

Bei dem gerade skizzierten Wahlverfahren wären Regierungsbildungen äußerst komplex und die Frage der Mehrheitsverhältnisse über wahrscheinlich viele Parteien hinweg dürfte einer Sisyphusarbeit nahekommen. Wenngleich derzeit an eine Realisierung der beschriebenen Utopie nicht zu denken ist, so beschreibt sie doch einen Zustand, in dem die Wähler das politische Geschehen wirklich mitbestimmen könnten.

VI. Nachwort

Ich hoffe, dass es mir mit diesem Buch gelungen ist, die Schwächen der derzeitigen Demokratie in unserem Land aufzuzeigen und die Kritik daran vernünftig zu begründen. Dabei muss ich nochmals darauf hinweisen, dass ich dies aus der Sicht eines Nichtpolitikers, also aus der Sicht eines „normalen Wählers" getan habe. Wenn ich mit hinreichender Sorgfalt vorgegangen bin, sollte meine Kritik in den meisten der dargestellten Punkte zutreffen.

Es würde mich sehr freuen, wenn es uns, den Bürgern, gelingen würde, unsere gewachsenen Demokratie zu einer „systematischen Demokratie" weiterzuentwickeln, die viele der bisherigen Schwächen überwunden hat und deshalb mehr Anklang in der Bevölkerung findet. Auch halte ich es für sehr wichtig, dass in der von mir erhofften systematischen Demokratie mehr in der Sache als mit Polemik oder mit dem Anspruch einer (nicht vorhandenen) Unfehlbarkeit diskutiert oder auch gestritten wird. **Man möge bitte bedenken, dass die Politik zwar viele Zuschauer hat, aber dennoch kein Theater ist, das Stars oder Selbstdarsteller braucht.**

Mein Wunsch ist es, dass wir eine unaufgeregte, aber wache Demokratie haben. Ich wäre sehr glücklich, wenn sich meine Vorschläge im Kapitel V nicht nur als Ideen, sondern auch als Anregungen und teilweise gar als Anstöße erweisen würden.

VII. Literatur- und Quellenverzeichnis

1. **Deutscher Bundeswehrverband — Bericht zur Einsatzbereit-schaft: Offenbarungseid mit Ansage**
https://www.dbwv.de/aktuelle- themen/politikverband/beitrag/ bericht-zur-einsatzbereitschaft-offenbarungseid-mit-ansage (27.02.2018)

2. **Diesel-Skandal in Niedersachsen: VW beeinflusste Papiere der Wulff-Regierung**
Diesel-Skandal VW beeinflusste auch Regierungspapiere der schwarz-gelben Regierung in Niedersachsen 09.08.2017 | 20:41. Volkswagen und (12.11.2020)

3. **LEIPZIGER INTERNET ZEITUNG**
(08.10.2019): Die zehn reichsten Prozent besitzen über die Hälf-te des Vermögens in Deutschland
https://www.l-iz.de/politik/kassensturz/2019/10/Die-zehn-reichsten-Prozent-besitzen-ueber-die-Haelfte-des-Vermoegens-in-Deutschland-298983

4. **Statutenbroschüre der CDU Deutschlands (Stand 01.02.2019)**
https://www.cdu.de/statut (23.01.2020)

5. **Organisationsstatut der Sozialdemokratischen Partei Deutschlands** (Stand: 06.12.2019)
https://www.spd.de/fileadmin/Dokumente/Parteiorganisation/SPD_OrgaStatut_2020.pdf

6. **Bundessatzung der FDP (28.10.2019)**
www.fdp.de>2020/01/14>fdp-bundessatzung-broschuere-2019-10

7. **Bundessatzung der Alternative für Deutschland (01.12.2019)**
   https://www.afd.de/satzung/ (pdf-Ausdruck am 23.03.2020)

8. **Internationale** (Wikipedia, 20.02.2017)
   https://de.wikipedia.org/wiki/Internationale

9. **Soziale Marktwirtschaft** (Wikipedia, 08.02.2017)
   https://de.wikipedia.org/wiki/Soziale_Markrwirtschaft

10. **Grüne Regeln – Bündnis 90/Die Grünen (25.04.2015)**
    https://cms.gruene.de/uploads/documents/150425_-
    _Satzung_Bundesverband-1.pdf

11. **Grundsatzprogramm der CDU** (30.12.2007)
    https://www.cdu.de/grundsatzprogramm (09.02.2017)

12. **Kurzfassung des Grundsatzprogramms der CDU** (12/2007)
    https://www.cdu.de/system/tdf/media/dokumente/080215-
    grundsatzprogramm-kurzfassung.pdf?file=1

13. **Grundsatzprogramm der SPD** (28.10.2007)
    https://www.spd.de/partei/organisation/das-grundsatzprogramm
    (09.02.2017)

14. **Grundsatzprogramm der FDP** (Karlsruher Freiheitsthesen;
    22.04.2012)
    https://www.fdp.de/content/grundsatzprogramme (09.02.2017)

15. **Grundsatzprogramm der AfD: Programm für Deutschland**
    (01.05.2016) https://www.afd.de/programm/langversion und
    https://www.afd.de/programm/kurzversion (02.06.2017)

16. Grundsatzprogramm der CSU (05.11.2016)
https://www.hss.de/fileadmin/user_upload(HSS/Dokumente/AC
SP/Grundsatzprogramme/CSU_Grundsatzprogramm_2016.pdf

17. Programm der Partei DIE LINKE (12/2011)
https://www.die_linke.de/fileadmin/download/grundsatzdokume
nte/programm_formate/programm_der par-
tei_die_linke_erfurt.2011.pdf

18. Grundsatzprogramm von Bündnis 90/ DIE GRÜNEN
(13.04.2020)
https://cms.gruene.de/uploads/documents/Grundsatzprogramm-
2002- pdf (13.04.2020)

19. Regierungsprogramm der CDU/CSU 2013–2017
https://www.cdu.de/regierungsprogramm (18.04.2017)

20. Regierungsprogramm der SPD 2013–2017
https://www.spd.de/.../20130415_regierungsprogramm_2013_2
017 (18.04.2017)

21. Bürgerprogramm der FDP 2013–2017
https://www.fdp.de/files/408/Bürgerprogramm_A5_Online_2013
-07-23 (18.04.2017)

22. Grünes Wahlprogramm 2013
https://www.gruene.departei/gruenes-wahlprogramm-2013.html
(18.04.2017)

23. Kurzfassung der Wahlprogramme 2013 CDU/CSU, SPD, FDP, Grüne, Linke) Landeszentrale für politische Bildung Baden-Württemberg www.bundestagswahl-bw.de/wahlprogramme-btw2013 (11.06.2020)

24. Wahlprogramm der AfD 2017
https://www.bundestagswahl-bw.de/wahlprogramm_afd_bt_wahl 2017.html (18.04.2017)

25. Parteispenden > 50000 € – 2017
https://www.bundestag.de/parlament/praesidium/ parteienfinanzierung/ fundstellen50000/2017 (12.03.2020)

26. Deutscher Bundestag: Fundstellenverzeichnis der Rechenschaftsberichte, Drucksache 19/7000 (14.01.2019): Bekanntmachung von Rechenschaftsberichten politischer Parteien für das Kalenderjahr 2017 (1. Teil – Bundestagsparteien)
Siehe Seiten 3, 83, 155, 219, 255, 297, 327.
https://www.bundestag.de/parlament/praesidium/ parteienfinanzierung/rechenschaftsberichte-202446

27. Konrad-Adenauer-Stiftung: Jahresbericht 2018 (S. 42), 31.12.2017
https://www.kas.de/documents/252038/4521287/Deutschland.+Das+nächste+Kapitel+-+Jahresbericht+2018.pdf/7c0d0886-163e-65a5-4a2d-9d0a9f9edb61#page=41

28. Friedrich-Ebert-Stiftung: Jahresabschluss 2017 (S. 70) library.fes.de/pdf-files/fes/03208/jb-2018.pdf

29. Heinrich-Böll-Stiftung: Jahresbericht 2018 (S. 55)
https://www.boell.de/sites/default/files/jb_boell_2019_web_klein.
pdf?dimension1=division_stif

30. Friedrich-Naumann-Stiftung: Jahresabschluss für das Jahr 2017 (S. 3)
https://www.freiheit.org/sites/default/files/import/2018-
11/15735-jahresabschlusskurzfassung2017fnf.pdf

31. Hanns-Seidel-Stiftung: Jahresbericht 2018 (Ertrags- und Aufwandsrechnung für 2017) Druckschrift ISBN 978-3-88795-558-8 (2019)

32. WELT: Parteinahe Stiftungen kosten Steuerzahler 581 Millionen (12.02.2018) https://www.welt.de/173425205

Zeitfracht Medien GmbH
Ferdinand-Jühlke-Straße 7
99095 Erfurt, Deutschland
produktsicherheit@kolibri360.de